Martin Haberer

Taschenatlas
Stauden

313 Stauden
für Garten und Landschaft

316 Farbfotos
13 Zeichnungen

Taschen-
atlas

Ulmer

Inhalt

Oben: *Dianthus plumaris* 'Heidi', siehe Seite 61
Rechts: *Nymphaea*, siehe Seite 119

Umschlagbilder:
Oben: *Lupinus polyphyllus*, siehe Seite 107
Unten: *Rudbeckia*, siehe auch Seite 141
Mitte: *Aubrieta*, siehe Seite 27

Impressum

Die Deutsche Bibliothek – CIP-Einheitsaufnahme
Ein Titeldatensatz für diese Publikation ist
bei Der Deutschen Bibliothek erhältlich

ISBN 3-8001-5311-4

© 2001 Eugen Ulmer GmbH & Co.
Wollgrasweg 41,
70599 Stuttgart (Hohenheim)
www.ulmer.de
Info@ulmer.de
Lektorat: Uwe J. Messer, Hermine Tasche
Herstellung: Silke Reuter
Druck und Bindung: Printer, Trento
Printed in Italy

Vorwort

Nach dem großen Erfolg des Werkes „Farbatlas Zierpflanzen", welcher 600 Pflanzenbeschreibungen in Wort und Bild aus vier verschiedenen Bereichen enthielt, wurde dem Wunsch vieler Leser entsprochen, diese Bereiche zu trennen und jeweils in erweiterter Form zu veröffentlichen. Vorgesehen sind 5 Bände mit jeweils 350 Pflanzen, die besonders wichtig für die gärtnerische Verwendung sind. Jede Art wird mit einem Farbbild vorgestellt und beschrieben. Farbbild und stichwortartige Beschreibung bilden eine Einheit. Im Text werden Herkunft, die wichtigsten botanischen Merkmale, Hinweise zur Verwendung und Pflege erwähnt. Auf ähnliche Arten und Sorten wird verwiesen.

Vor allem ist diese Serie als Hilfe für den Nachwuchs im Gartenbau und der Floristik gedacht. Deshalb sind die wissenschaftlichen Namen der Pflanzen und ihrer Familienzugehörigkeit wichtig. Auf die Angabe der Autoren wurde verzichtet.

Recht herzlich danken möchte ich Herrn Roland Ulmer und seinen Mitarbeitern, mit Rat und Tat standen sie mir zur Seite.

Nürtingen, im März 2001
Martin Haberer

3

Einführung

Die Gewächse in diesem Werk sind in alphabetischer Reihenfolge nach Gattungen und Arten geordnet.

In der gärtnerischen Praxis ist der Gebrauch der botanischen Namen üblich. Daneben sind auch die gebräuchlichen deutschen Namen aufgeführt. Die Familienzugehörigkeit ist jeweils angegeben. Für die wichtigen Aspekten der Unterscheidungsmerkmale wurde eine Anzahl von besonderen Zeichen entwickelt, die in einem speziellen Datenblock zusammengefasst wurden.

Systematische Übersicht

Die wissenschaftliche Benennung der Pflanzen mit mindestens zwei Namen, also Gattungs- und Artnamen (binäre Nomenklatur), geht auf den schwedischen Naturforscher Carl von Linné zurück, der im Jahre 1753 sein wichtigstes Werk über die Klasssifizierung des Pflanzenreiches veröffentlichte. Seine Arbeiten bilden heute noch die Grundlagen der Pflanzensystematik.

Demnach wird das Pflanzenreich in 17 Abteilungen gegliedert. In diesem Farbatlas sind davon nur Pflanzen aus folgenden gärtnerisch wichtigen Abteilungen aufgeführt:

15. Abteilung: *Pteridophyta,* Farnpflanzen. Sie vermehren sich generativ durch Sporen.

17. Abteilung: *Angiospermae,* Bedecktsamer. Diese gliedern sich in Einkeimblättrige (wie Gräser, Orchideen u.a.) und Zweikeimblättrige (wie Korbblütler u.v.a.).

Jede Abteilung ist weiterhin gegliedert in Klassen, Ordnungen und Familien. Innerhalb der Familie erfolgt die Gliederung nach Gattungen, Arten, Unterarten und Sorten. Die Sorten entstanden durch Züchtung oder Auslese in der Kultur. Die Sortennamen werden in einfache Anführungszeichen gesetzt, z.B. 'Dania'.

Symbole und Abkürzungen

Abkürzungen

Weitere in diesem Buch verwendete Abkürzungen und Zeichen:

subsp.:	*Subspecies*	= Unterart mit von der Art abweichenden Merkmalen
var.:	*Varietät*	= Varietät mit abweichenden Merkmalen
Syn:	*Synonym*	= überholter Nebenname
×:		Kreuzung zweier, nah verwandter Gattungen oder Arten

Verwendete Symbole:

⊡ Wuchshöhe/Blütenhöhe zur Blütezeit in Zentimetern

▣ Blütezeit (Monate in römischen Ziffern)

✳ Wichtige Pflanzeneigenschaften:

S	Wichtige Schnittpflanze
D	Bienenweide
Li	Liebhaberstaude
***	Ausgezeichnete Beetstaude
**	Vorzügliche Beetstaude
*	Wertvolle Beetstaude
w	Wertvolle Wildstaude
<u>w</u>	Besonders wertvolle Wildstaude

▲ Winterschutz erforderlich

✖ Giftige Pflanze

❀ Gesellligkeit

▦ Stückzahl pro Quadratmeter

Stauden im Überblick

Unter Stauden versteht man krautige, aber mehrjährige Gewächse. Viele überwintern oberirdisch, andere besitzen unterirdische Speicherorgane wie Rhizome (Erdsprosse), Zwiebeln oder Knollen.

Die meisten Stauden haben einen „dienenden" Wuchscharakter, sie benötigen meist einen Hintergrund mit Gehölzen, wenn sie optimal zur Wirkung kommen sollen.

Draba aizoides.

Beetstauden benötigen offene Böden in meist sonniger Lage und einen hohen Pflegeaufwand. Im Garten verwendet man sie meist auf besonderen Beeten oder Rabatten in nährstoffreichen Gartenböden. Beetstauden blühen meist im Sommer und fallen durch prächtige Blüten auf, die sich vielfach zum Schnitt eignen. Durch intensive Züchtungsarbeit sind viele Sorten entstanden, welche die Ausgangsart in vieler Hinsicht übertreffen.

Wildstauden gibt es dagegen für alle möglichen Pflanzplätze. Sie sind züchterisch wenig bearbeitet und am geeigneten Standort anspruchslos. Manche Arten können sich stark ausbreiten, entweder durch Ausläufer oder durch Versamung.

Stauden für Sonnenlagen haben verschiedene Einrichtungen zum Verdunstungsschutz entwickelt. Dazu zählen Dornen, Stacheln, Behaarung, Sukkulenz sowie Reduzierung und Graufärbung der Blätter. Aus diesem Grund sind sie in der Lage, Trockenheit und Hitze sowie auch Kälte zu ertragen.

Schattenstauden zeichnen sich häufig durch breite, dunkelgrüne Blätter aus. Unter Gehölzen oder im Schatten von Gebäuden können sie noch gut gedeihen und blühen.

Immergrüne Stauden sind vorwiegend in Gebieten mit wintermildem Klima und hoher Luftfeuchtigkeit zu Hause. Sie behalten ihre Blätter viele Jahre lang, können aber in Mitteleuropa bei Trockenheit im Sommer und Winter leiden. Man pflanzt sie daher meist in den Schatten, in humose Böden.

Farne gedeihen in humosen Böden des Gartens am besten in Schattenlagen. Sie besitzen keine Blüten, sind aber durch ihre Gestalt außerordentlich reizvoll. Ihre Vermehrung erfolgt durch winzig kleine Sporen, die entweder auf der Blattunterseite oder an speziellen Sporenblättern gebildet werden. Auch Ausläuferbildung ist bei einigen Arten möglich.

Gräser sind vielfältig verwendbar. Die meisten Arten bevorzugen sonnige und warme Standorte. Ihre Blüten- und Fruchtstände sind zierend, im Garten und auch in der Vase. Viele eignen sich als Trockenblumen. Im Garten sollte man sie erst im Vorfrühling abschneiden, damit die Fruchtstände auch bei Schnee und Raureif reizvoll sind.

Sumpf- und Wasserpflanzen benötigen einen besonderen Standort. Ein Feuchtbiotop im Garten kann viel Freude bereiten. Man sollte es an einem sonnigen Platz anlegen. Bald stellen sich auch Tiere ein, die sich hier wohl fühlen. Viele Pflanzen aus dieser Gruppe begeistern durch ihre schöne Blüte.

Zwiebel- und Knollengewächse haben unterirdische Speicherorgane, mit denen sie ungünstige Jahreszeiten überdauern können. Die Blüten erscheinen je nach Art im Frühling oder im Herbst vor den Blättern. Viele Arten sind als Schnittpflanze unentbehrlich, andere gehören auf Rabatten und Beete, die zierlichen Arten in den Steingarten.

Die meisten Stauden gehören zu den **Bedecktsamern, den** *Angiospermae*. Deren weibliche Blütenanlagen sind im Fruchtknoten verborgen, also geschützt vor Witterungseinflüssen. Der männliche Pollen wird in besonderen Blütenanlagen oder in der gleichen Blüte (Zwitterblüte) erzeugt und muss durch den Wind oder durch Insekten auf die weiblichen Narben gelangen.

Die Blüten der Windblütler haben eine einfache Bauweise (Gräser) und sind unscheinbar. Sie erzeugen eine Menge Pollen. Die auffälligeren Blüten der Insektenblütler dienen zur Anlockung. Neben Farben werden auch Düfte und Nektar zur Anlockung eingesetzt. Besondere Mechanismen sollen die Selbstbestäubung verhindern oder erschweren.

Die Pollenbildung ist weitaus geringer, die Bestäubung ist aber genauso erfolgreich. Im Laufe der Jahrmillionen haben sich immer raffiniertere Blütenformen gebildet und die Bestäuber haben sich darauf eingestellt. Pflanze und Tiere sind dadurch voneinander abhängig geworden. Aus den Tropen sind ganz besondere Blütenformen bekannt. Dort treten auch Fledermäuse, Mäuse, Schmetterlinge usw. als Bestäuber auf.

Die Früchte der Stauden sind unterschiedlich ausgebildet. Zur Verbreitung tragen Wind (Korbblütler, Gräser) und viele Tiere bei, die Beeren verzehren (z.B. Vögel). Das Fruchtfleisch wird verdaut, die Samen aber an anderer Stelle wieder ausgeschieden. Dort keimt der Samen. Er hat hier meist günstigere Entwicklungschancen.

Heimische Stauden sind seit vielen Jahrhunderten an das jeweilige Klima angepasst. Am natürlichen Standort in der freien Landschaft sollten sie keinesfalls ausgegraben werden. Viele von ihnen stehen unter strengem Schutz.

Fremdländische Stauden sind Arten aus aller Welt, die in unseren Gärten und Parks anzutreffen sind. Häufig sind sie anspruchsvoll an Klima und Standort. Manche Arten und Sorten fallen durch besonderen Wuchs oder farbige Blätter auf. Die Färbung kann ganzjährig oder nur beim Austrieb im Frühling, besonders aber im Herbst, beobachtet werden.

Die herbstliche Färbung der Stauden ist weitaus nicht so spektakulär wie bei vielen Gehölzen. Dennoch bietet der Herbst bei manchen Arten als Überraschung eine schöne Laubfärbung. Wenn die Tage kürzer werden und die Temperaturen abnehmen, ist dies für viele Stauden das Signal, die Blätter abzuwerfen und dadurch die Verdunstung zu verringern. Alle verwertbaren Stoffe werden abgebaut und eingelagert. Zunächst wird das Blattgrün abgezogen. Die bis dahin vom Chlorophyll überlagerten Farbstoffe kommen nun für kurze Zeit zur Wirkung. Je nach Vorkommen von Karotin, Anthocyan oder Xanthophyll ist die Färbung der Blätter orange, rot oder gelb. Nach einigen Tagen werden auch diese Farbstoffe abgebaut und die braunen Blätter fallen zu Boden, wo sie wieder zu Humus abgebaut werden.

Die prächtigen Blütenstauden stammen aus aller Welt, vorwiegend aus den gemäßigten Zonen. Je nach Art blühen sie besonders reich im Frühling, Sommer oder sogar im Winter. Einige Arten benötigen einen hohen Pflegeaufwand und Winterschutz. Sie sind ausschließlich für Gärten und Parks geeignet.

Halbsträucher sind Arten, deren Triebe nur an der Basis verholzen, die krautigen Triebspitzen können daher im Winter leiden. Sie müssen im Frühling stark zurückgeschnitten werden. Einige Arten (*Thymus, Pachysandra*) gehören eigentlich zu diese Gruppe, haben aber meist im Staudensortiment ihren festen Platz.

Flächendeckende Stauden werden heute in großer Zahl verwendet. Viele darunter sind immergrün und sehen daher ganzjährig attraktiv aus. Sie beschatten und festigen den Boden und lassen Wildkräutern wenige Entwicklungsmöglichkeiten. Viele Arten vereinfachen die Pflege.

Schling- und Kletterstauden sind selten, verdienen aber eine besondere Beachtung. Die meisten sind Waldpflanzen, die an größeren Gehölzen hinaufklettern, bis sie genügend Licht erhalten, das für die Bildung von Blüten und Früchten ausreicht. Je nach Klettertechnik können die Pflanzen vertikale Flächen mit oder ohne Gerüst begrünen.

Die Geselligkeit nach HANSEN und MÜSSEL beschreibt die Art der Pflanzung. Die römischen Ziffern geben eine Empfehlung darüber ab, ob eine Stauden-Art in kleinen Tuffs oder eher flächig verwendet werden sollte. Es werden folgende Geselligkeitsstufen unterschieden.

I. in kleinen Tuffs
II. in kleinen Tuffs von 3 bis 10 Pflanzen
III. in größeren Gruppen von 10 bis 20 Pflanzen
IV. in größeren Kolonien, ausgesprochen flächig
V. vorwiegend flächig

Wird gegen die Empfehlungen der Geselligkeitsstufen doch eine flächige Pflanzung angestrebt, so kann unter dem Stichwort **Pflanzen je Quadratmeter** die Stückzahl pro Quadratmeter ermittelt werden. Oft sind die Stückzahlangaben weit gefasst. Die niedrigere Zahl gibt den Pflanzenbedarf an, wenn eine langlebige Pflanzung geplant ist. Der höhere Wert beschreibt den Pflanzenbedarf für eine sich schnell schließende Bodendecke. Bereits nach einem Jahr soll diese Pflanzung den Boden vollständig beschatten. Aus der Stückzahlangabe lässt sich auch der Pflanzabstand ermitteln.

Gartenstauden
von A bis Z

Acaena buchananii
Blaugrünes Stachelnüsschen
Rosaceae, Rosengewächse

Heimat: Neuseeland.
Wuchsform: Dichter Teppichbildner, nur 5 cm hoch. Triebe bis 50 cm lang, wurzelbildend.
Blatt: Wechselständig, unpaarig gefiedert, 3–5 cm lang, Einzelblatt eiförmig, gezähnt, 1–2 cm lang, silbergrau, wintergrün.
Blüte: Unscheinbare, gestielte Köpfchen über dem Laub, gelblich, VI–VII.
Frucht: Köpfchen, 1,5–2 cm groß, Kelchstacheln mit Widerhaken, rotbraun.
Standort: Warme, durchlässige Böden in voller Sonne, Trockenheit vertragend.
Lebensbereiche: <u>FS,2,so</u>: Felssteppe, frisch, sonnig; auch für <u>Matten</u> und <u>Freiflächen</u>.
Verwendung: Guter Flächendecker für Böschungen, Steingärten, Gräber.
Vermehrung: Abtrennen der bewurzelten Bodentriebe, Stecklinge im Sommer.
Hinweis: Schutz vor strengem Frost.

Acaena microphylla
Kleinblättriges Stachelnüsschen
Rosaceae, Rosengewächse

Heimat: Neuseeland.
Wuchsform: Dichter Flächenbildner, 5–10 cm hoch, Triebe kriechend, bewurzeln sich.
Blatt: Wechselständig, unpaarig gefiedert, 6–7 cm lang, Einzelblatt eiförmig, gezähnt, 2–3 cm lang, braunrot, wintergrün.
Blüte: Gestielte Köpfchen über dem Laub, rotbraun, VII–VIII.
Fruchtstand/Frucht: Leuchtend rot, 2–3 cm breite Köpfchen mit Kelchstacheln.

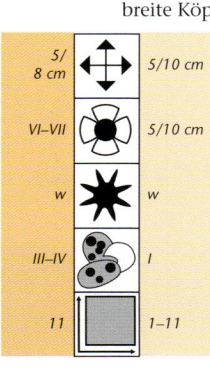

Standort: Warme, durchlässige Böden in voller Sonne, nässeempfindlich.
Lebensbereiche: <u>FS,2,so</u>: Felssteppe; frisch; sonnig. <u>Matten</u>.
Verwendung: Guter Flächendecker für Böschungen, Steingärten, Freiflächen. Gräber.
Vermehrung: Abtrennen der Bodentriebe, Sommer-Stecklinge.
Sorte: 'Kupferteppich', zierlicher, braunrotes Laub, dicht.
Hinweis: Schutz vor strengem Frost.

10

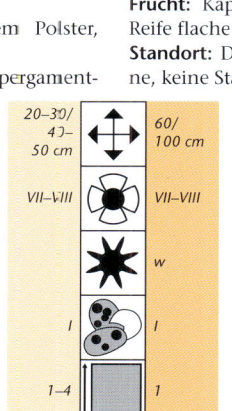

 Acantholimon glumaceum
Igelpolster
Plumbaginaceae, Bleiwurz-
gewächse

Heimat: Armenien, Nordiran, Kaukasus.
Wuchsform: Grünes Polster mit schmalblätt-
rigen Rosetten, wenig stechend, 20–30 cm
hoch, aber viel breiter werdend.
Blatt: Schmal, grasartig, in Rosetten stehend,
grünlich.
Blüte: In Scheinähren über dem Polster,
Schaft samthaarig, rosa, VI–VII.
Fruchtstand/Frucht: Blütenkelche pergament-
artig, lange zierend.
Standort: Durchlässige, trockene
Böden in voller Sonne für win-
termilde Lagen.
Lebensbereiche: MK,2,so: Mau-
erkronen, frisch, sonnig; auch
für Steinfugen.
Verwendung: Einzeln für größere Steingärten, Felssteppen.
Vermehrung: Stecklinge und Ab-
risslinge im Sommer und Samen
(schwierige Methode!).
Hinweis: Im Frühling pflanzen.

 **Acanthus hungaricus**
Akanthus, Bärenklau
Acanthaceae, Bärenklaugewächse

Heimat: SO-Europa.
Wuchsform: Breitbuschig, aufrecht.
Blatt: Kreuzgegenständig, fiederteilig, orna-
mental, frischgrün.
Blüte: Aufrechte Blütentrauben mit rosafarbe-
nen Hochblättern, Blüte weiß, VII–VIII.
Frucht: Kapsel 2–3 cm lang, schleudert bei
Reife flache Samen meterweit.
Standort: Durchlässige Böden in voller Son-
ne, keine Staunässe.
Lebensbereiche: Fr,2,so: Freiflä-
che, frisch, sonnig; auch Fels-
steppe und Gehölzrand.
Verwendung: Einzeln auf Rabat-
ten, Böschungen, Freiflächen.
Vermehrung: Aussaat nach der
Ernte oder im Frühling, häufig
Selbstaussaat.
Ähnliche Art: *A. spinosus,* nur
40 cm hoch, dornig.
Besonderes: Blätter dienten als
Vorbilder für korinthische Kapi-
telle.
Hinweis: Winterschutz sinnvoll.

20–30/ 4?– 50 cm		60/ 100 cm
VII–VIII		VII–VIII
		w
I		I
1–4		1

Achillea filipendulina
Gold-Garbe, Hohe Schaf-Garbe
Asteraceae, Asterngewächse

Heimat: Kaukasus bis Kleinasien.
Wuchsform: Horstbildend, aufrechte Blüten-
stiele, bis 120 cm.
Blatt: Wechselständig, graugrün gefiedert, bis
15 cm lang, duftend.
Blüte: Flache Scheindolden am Triebende,
goldgelb, VI–IX.
Fruchtstand/Frucht: Scheindolde, Frucht un-
scheinbar, Samen klein.
Standort: Nährstoffreiche, auch trockene Bö-
den in voller Sonne.
Lebensbereiche: <u>Fr,2,so</u>: Freiflä-
che, frisch, sonnig.
Verwendung: Rabatten. Schnitt-
pflanze. Trockenbinderei.
Vermehrung: Teilung und Aussaat im Frühling.
Sorte: 'Parker', goldgelb, 120 cm.
'Coronation Gold' (Abb.)
Ähnliche Art: *A. clypeolata,* gold-
gelb, graulaubig, bis 60 cm
hoch, Steingarten.
Hinweis: Nachblüte, wenn Rückschnitt erfolgte.

Achillea millefolium
'Cerise Queen'
Rote Schaf-Garbe
Asteraceae, Asterngewächse

Heimat: Gartenform der in Europa heimi-
schen Schafgarbe.
Wuchsform: Lockerhorstig, rasenbildend,
aufrechte Blütentriebe beblättert.
Blatt: Wechselständig, fiederschnittig, dun-
kelgrün, duftend.
Blüte: Flache Scheindolde am Triebende,
kirschrot, VI–VIII.
Frucht: Unscheinbar.
Standort: Auf nährstoffreichen,
durchlässigen Böden in voller
Sonne.
Lebensbereiche: <u>B,2,so</u>: Beet,
frisch, sonnig; auch für <u>Freiflä-
chen</u>.
Verwendung: Rabatten, Schnitt.
Vermehrung: Teilung im Früh-
ling oder nach der Blüte.
Ähnliche Sorte: 'Sammetriese',
samtrot, 80 cm hoch, spätblü-
hend.
Hinweis: Breitet sich durch kurze
Ausläufer aus.

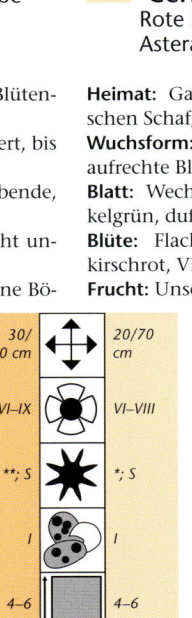

30/120 cm		20/70 cm
VI–IX		VI–VIII
**; S		*; S
I		I
4–6		4–6

Achillea ptarmica 'Schneeball'
Bertrams-Garbe
Asteraceae, Asterngewächse

Heimat: Gärtnerische Ausleseform Art: Europa bis W-Asien.
Wuchsform: Breitbuschig, ausläuferbildend.
Blatt: Wechselständig, lanzettlich, am Rand scharf gesägt.
Blüte: Gefüllte Blütenköpfe in Trugdolden am Triebende, weiß, VII–IX.
Fruchtstand/Frucht: Trugdolde, Frucht unscheinbar, Samen klein.
Standort: Sonnige bis halbschattige Plätze, nährstoffreiche, frische Böden. Kalkarme Standorte.
Lebensbereiche: Fr,3,so: Freifläche, sonnig, feucht; auch am sumpfigen Wasserrand.
Verwendung: Rabatten an wassernahen Plätzen. Schnittpflanze.
Vermehrung: Teilung, Abtrennen der kurzen Ausläufer im Frühling.
Ähnliche Sorte: 'Unschuld', neuere Sorte.

Achillea tomentosa
Teppich-Garbe
Asteraceae, Asterngewächse

Heimat: SW-Europa bis W-Asien.
Wuchsform: Mattenartig bis polsterbildend.
Blatt: Wechselständig, graufilzig, fiederschnittig, 3- bis 7-teilig.
Blüte: In lockeren Trugdolden; goldgelb, VI–VII.
Fruchtstand/Frucht: Trugdolde, Frucht unscheinbar, Samen klein.
Standort: Sonnige, warme Plätze, durchlässige Böden.
Lebensbereiche: FS,1–2,so: Felssteppe; trocken bis frisch, sonnig; auch Steinanlagen.
Verwendung: Steingärten, Schotterflächen, Tröge.
Vermehrung: Teilung im Frühling.
Hinweis: Alle 2 Jahre teilen, sonst vergreist die Pflanze.

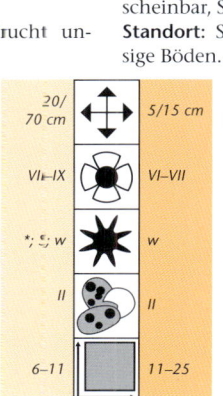

20/70 cm		5/15 cm
VII–IX		VI–VII
*; ☼; w		w
II		II
6–11		11–25

13

 Aconitum carmichaelii 'Arendsii'
Herbst-Eisenhut
Ranunculaceae, Hahnenfuß-
gewächse

Heimat: Gartenform. Die Art stammt aus Mittelchina.
Wuchsform: Horstartig, aufrecht.
Blatt: Wechselständig, tief handförmig geteilt, glänzend dunkelgrün.
Blüte: Helmförmig, in Trauben, violettblau, IX–X.
Frucht: Balgfrucht.
Standort: Halbschattig auf nährstoffreichen Böden, frisch bis feucht.
Lebensbereiche: <u>B,2, so–hs</u>: Beet; frisch, sonnig bis halbschattig; auch <u>Gehölzrand</u>.
Verwendung: Rabatten, vor Gehölzen im lichten Schatten. Schnittpflanze.
Vermehrung: Teilung des knolligen Wurzelstocks im Frühling oder Herbst.
Hinweis: Giftige Pflanze.

 Aconitum lycoctonum subsp. vulparia
Fuchs-Eisenhut
Ranunculaceae, Hahnenfuß-
gewächse

Heimat: W-Europa.
Wuchsform: Aufrecht, locker.
Blatt: 5- bis 9-teilig gelappt.
Blüte: In lockeren Trauben, Blüte helmartig, hellgelb, VII–VIII.
Frucht: Balgfrucht.
Standort: Lockere Bergwälder, nährstoffreiche und frische Böden, Waldrand.
Lebensbereiche: <u>GR;2,hs–sch</u>: Gehölzrand; frisch; halbschattig bis schattig.
Verwendung: Halbschattige Lagen, Wildstaudenpflanzungen, Gehölzränder.
Vermehrung: Aussaat XII bis III.
Ähnliche Art: A. anthora aus den Pyrenäen, Alpen bis Kaukasus, 80 cm.
Hinweis: Besonders giftige Pflanze.

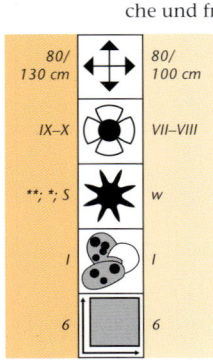

80/130 cm	80/100 cm
IX–X	VII–VIII
**; *; S	w
I	I
6	6

 Aconitum napellus
Blauer Eisenhut
Ranunculaceae, Hahnenfuß-
gewächse

Heimat: Mitteleuropa, nördlich bis Schwe-
den, Alpen.
Wuchsform: Aufrecht, breitbuschig, horstig.
Blatt: Wechselständig, fiederartig geschlitzte
Blätter, dunkelgrün.
Blüte: Helmartig, in lockeren Rispen, variiert
stark, intensiv blau, VII–VIII.
Frucht: Balgfrucht.
Standort: Halbschattige Bergwälder, nährstoffreiche Plätze in Almnähe.
Lebensbereiche: <u>GR,2–3,abs</u>: Gehölzrand, frisch–feucht, abson-
nig; auch <u>Freiflächen</u>.
Verwendung: Naturnahe Wildstaudenpflanzungen im Halbschatten.
Vermehrung: Aussaat im Winter; Teilung im Herbst oder Frühling.
Sorte: 'Gletschereis', weiß,
120 cm, 'Bressingham Spire',
blau, 90 cm.
Hinweis: Giftige Pflanze.

 Acorus calamus
Kalmus
Acoraceae, Kalmusgewächse

Heimat: Europa, Amerika, Asien.
Wuchsform: Locker, Verbreitung durch weit
verzweigte, kriechende Rhizome.
Blatt: Wechselständig, schwertförmig, oft mit
gewelltem Blattrand, 100 cm.
Blüte: Unscheinbarer Kolben, grünlichgelb,
10–20 cm lang; V–VI.
Fruchtstand/Frucht: Kolben mit wenigen
Beeren. Selten Samenbildung.
Standort: Wasserrand, Sumpf bis 30 cm Was-
sertiefe.
Lebensbereiche: <u>WR,5,so–hs</u>:
Wasserrand; flaches Wasser; son-
nig bis halbschattig.
Verwendung: Größere Wasser-
anlagen auf nährstoffreicher,
lehmigen Böden, Ufer. Heil-
pflanze.
Vermehrung: Teilung und Aus-
saat (Samenbildung in unseren
Breitengraden selten).
Sorte: 'Variegatus' mit weißbun-
ten Blättern.
Ähnliche Art: *A. gramineus.*

30/ 120 cm	100/ 60 cm
VII–VIII	V–VI
w; *; S	w
I	II
6	4

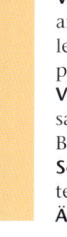

15

 Actaea pachypoda
Weißfrüchtiges Christophskraut
Ranunculaceae, Hahnenfuß-
gewächse

Heimat: Östliches N-Amerika.
Wuchsform: Aufrechte, buschige Horste bildend.
Blatt: Wechselständig, 5-teilig gefiedert, waagerecht abstehend.
Blüte: Locker, wenig auffällige Blütentrauben, weißlich, V–VI.
Fruchtstand/Frucht: Weiße Beeren an roten Stielen, auffällig ab Juli bis September.
Standort: Durchlässige, humose Böden im Halbschatten, luftfeucht.
Lebensbereiche: G,2,hs: Gehölz, frisch, halbschattig; auch für den Gehölzrand.
Verwendung: Gehölzlichtungen, am Rand von Sträuchern, zu Rhododendron.
Vermehrung: Aussaat im Frühling.
Ähnliche Art: *A. erythrocarpa*, Europa bis Asien. Früchte rot oder weiß.

Adiantum pedatum
Hufeisenfarn, Pfauenradfarn
Adiantaceae, Pfauenradfarn-
gewächse

Heimat: N-Amerika, O-Asien.
Wuchsform: Lockerbuschig, aufrecht, hufeisenförmige Fächer in zwei waagerechte Äste gegabelt, Stiele schwarz.
Blatt: Fiederblättchen, 2 cm lang, oval, hellgrün, im Herbst goldgelb.
Standort: Lockere, saure Humusböden im lichten Schatten unter Gehölzen. Hohe Luftfeuchtigkeit.
Lebensbereiche: G,2–3,hs–sch: Gehölz; frisch bis feucht; halbschattig bis schattig; GR.
Verwendung: Unter älteren, gut eingewurzelten Bäumen.
Vermehrung: Durch Sporen und Teilung (langsame Methode!).
Sorte: 'Imbricatum', Krauser Pfauenradfarn, 20 cm hoch, Steingärten (Bild).

50/80 cm		40–50 cm
V–VI		–
w		w
l		l
2		5

Adonis amurensis
Amur-Adonisröschen
Ranunculaceae, Hahnenfuß-
gewächse

Heimat: Mandschurei, Japan
Wuchsform: Aufrecht, buschig. Zieht nach der Blüte ein.
Blatt: Wechselständig, fein gefiedert, mattgrün.
Blüte: Goldgelb im Vorfrühling, II–III.
Frucht: Balgfrucht, bei uns selten ausgebildet.
Standort: Kühl, humos, unter Laubgehölzen im lichten Schatten, sauer.
Lebensbereiche: GR,2,abs: Gehölzrand; frisch; absonnig; auch für Steinanlagen.
Verwendung: Zu Magnolien oder Zierkirschen, Rhododendron. Bienenweide.
Vermehrung: Aussaat sofort nach der Ernte, lange Keimdauer. Teilung.
Ähnliche Art: A. vernalis, heimisches Adonisröschen, 20 cm, auf Kalkböden, IV. **Giftige Pflanze.**
Geschützte Wildpflanze.

Aethionema grandiflorum
Steintäschel
Brassicaceae, Kohlgewächse

Heimat: Anatolien bis Iran.
Wuchsform: Breitbuschiger Halbstrauch, vieltriebig.
Blatt: Wechselständig, länglich-linealisch, blaubereift, 2–3 cm lang, wintergrün.
Blüte: Kreuzblütchen in endständigen Trauben; hellrosa; IV–VI.
Frucht: Schötchen.
Standort: Durchlässige Kalkböden in sonniger Lage.
Lebensbereiche: FS,1–2,so: Felssteppe; trocken bis frisch; sonnig. Auch für Steinfugen.
Verwendung: Steingarten, Trockenmauern, Felssteppe, Trog.
Vermehrung: Durch Samen.
Ähnliche Art: A. armenum 'Warley Rose', 15 cm, rosa, Stecklingsvermehrung.
Hinweis: Nur mit Topfballen pflanzen.

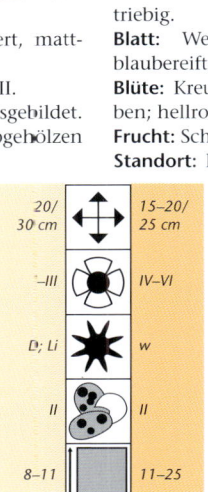

20/30 cm	15–20/25 cm
–III	IV–VI
D; Li	w
II	II
8–11	11–25

Ajuga reptans

Kriechender Günsel
Lamiaceae, Taubnesselgewächse

Heimat: Europa, N-Afrika bis Iran.
Wuchsform: Oberirdische Ausläufer, Flächendecker.
Blatt: Gegenständig, spatelförmig, mattgrün, wintergrün.
Blüte: 2-lippig, in dichten, aufrechten Scheinähren, blau, V–VI.
Frucht: Unauffällig, kleine Nüsschen werden von Ameisen verbreitet.
Standort: Frische bis feuchte Plätze im Halbschatten. Verträgt keine trockenen Standorte.
Lebensbereiche: GR,2–3,so–abs: Gehölzrand; frisch bis feucht; sonnig bis absonnig. Auch für absonnige Freiflächen.
Verwendung: Als Flächendecker unter Gehölzen, Teichrand.
Vermehrung: Teilung, Abtrennen der Rosetten sowie Aussaat.
Sorte: 'Atropurpurea', Purpurgünsel, Laub kupferbraun, w (Bild).

Alcea rosea
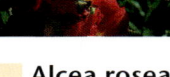
Chinesische Stockrose
Malvaceae, Malvengewächse

Heimat: Gartenform, die Art stammt aus SW-Asien.
Wuchsform: Aufrecht, bis 2 m hoch, zweijährig.
Blatt: Wechselständig, groß, rund-herzförmig, mattgrün, rau.
Blüte: 6–8 cm groß, gefüllt, achsel- oder endständig, rosa, rot, gelb, weiß, VII–IX.
Frucht: Spaltfrucht.
Standort: Sonnige, durchlässige, nährstoffreiche Böden.
Lebensbereiche: B,2,so: Beet; frisch; sonnig.
Verwendung: Rabatten, vor Südwänden und Mauern.
Vermehrung: Aussaat im Frühling.
Sorte: Viele Farbsorten, z.B. 'Rosa'.
Ähnliche Art: *A. ficifolia*, Feigenblättrige Stockrose, geschlitztes Laub.
Hinweis: Rückschnitt nach der Blüte erforderlich.

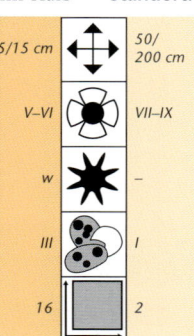

5/15 cm	50/200 cm
V–VI	VII–IX
w	–
III	I
16	2

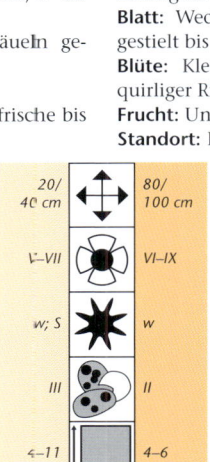

Alchemilla mollis
Weicher Frauenmantel
Rosaceae, Rosengewächse

Heimat: Karpaten, Kaukasus.
Wuchsform: Breitbuschig, horstig, leicht überliegend.
Blatt: Wechselständig, bis 15 cm groß, 9- bis 11-lappig, weich behaart.
Blüte: Kleine Einzelblüten in Knäueln gehäuft, zartgelb, V–VII.
Frucht: Unscheinbar.
Standort: Sonnig bis halbschattig, frische bis feuchte Böden, lehmig.
Lebensbereiche: Fr,2–3,so–abs: Freifläche; frisch bis feucht; sonnig bis absonnig, Gehölzrand.
Verwendung: Rabatten, zu Beetstauden oder in Wiesenflächen. Schnittpflanze.
Vermehrung: Aussaat und Teilung.
Ähnliche Art: *A. erythropoda*, Zwerg-Frauenmantel, 10 cm hoch.
Hinweis: Rückschnitt nach der Blüte unterbindet Selbstaussaat.

Alisma plantago-aquatica
Froschlöffel
Alismataceae, Froschlöffelgewächse

Heimat: Afrika, Europa bis Asien.
Wuchsform: Horstartige Sumpfpflanze mit knolligem Wurzelstock.
Blatt: Wechselständig, breit-elliptisch, langgestielt bis 80 cm Länge.
Blüte: Klein; an hoher, reich verzweigter, quirliger Rispe, weiß, VI–IX.
Frucht: Unscheinbare Nüsschen.
Standort: Heimische Sumpfpflanze in sonnigen bis halbschattigen Lagen.
Lebensbereiche: WR,5,so–hs: Wasserrand; flaches Wasser; sonnig bis halbschattig.
Verwendung: Teichrand, bis 30 cm Wassertiefe, nährstoffreiche Gewässer.
Vermehrung: Aussaat im Frühling.
Hinweis: Fruchtstände nach der Blüte entfernen, um Selbstaussaat zu verhindern.

20/40 cm	80/100 cm
V–VII	VI–IX
w; S	w
III	II
4–11	4–6

Allium christophii
Sternkugel-Lauch
Alliaceae, Lauchgewächse

Heimat: Kleinasien, Iran.
Wuchsform: Eintriebige Zwiebelpflanze mit kugeligem Blütenstand.
Blatt: Riemenförmig, bis 45 cm lang, blaugrün.
Blüte: Sternblüten bis 25 cm breit; kugelige, zusammengesetzte Dolde, rosafarben, VI–VII.
Fruchtstand: Dekorative, zusammengesetzte Dolde.
Standort: Nährstoffreiche, durchlässige Böden in voller Sonne.
Lebensbereiche: FS,1,SO: Felssteppe; trocken; sonnig. Auch Freiflächen, Steinanlagen.
Verwendung: Rabatten, sonnige Freiflächen. Schnittpflanze. Trockenbinderei.
Vermehrung: Aussaat im Frühling; Brutzwiebeln.
Hinweis: Blätter vergilben früh, daher zwischen andere Stauden pflanzen.

Allium flavum
Schwefel-Lauch,
Gelber Hänge-Lauch
Alliaceae, Lauchgewächse

Heimat: Mittelmeergebiete bis W-Asien.
Wuchsform: Eintriebige Zwiebelpflanze.
Blatt: Bogig überhängend, schmal, hechtblau.
Blüte: Zusammengesetzte Dolde, hängende, endständigen Einzelblüten, gelb, VI–VIII.
Fruchtstand: Zusammengesetzte Dolde, auffällige Tragblätter.
Standort: Sonnige Freiflächen in durchlässigen, mageren, auch trockenen Böden.
Lebensbereiche: FS,1,SO: Felssteppe; trocken, sonnig. Auch Steppenheide, Steinanlagen.
Verwendung: Magere, sonnige Plätze, auch für Dachgärten. Bienenweide.
Vermehrung: Aussaat, Brutzwiebeln.
Unterart: *A. f.* var. *minus,* ähnlich, aber nur 10 cm hoch.

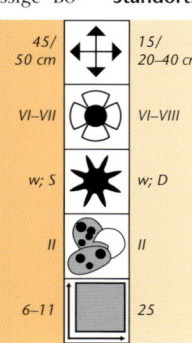

45/50 cm		15/20–40 cm
VI–VII		VI–VIII
w; S		w; D
II		II
6–11		25

Allium giganteum
Riesen-Lauch
Alliaceae, Lauchgewächse

Heimat: Mittelasien, Himalaja.
Wuchsform: Eintriebige Zwiebelpflanze bis 150 m hoch.
Blatt: Breit-lanzettlich, bis 30 cm, graugrün.
Blüte: Dichte zusammengesetzte Dolde, 10–12 cm breit, Blüten rosa, VI–VII.
Fruchtstand: Dekorative zusammengesetzte Dolde.
Standort: Durchlässige Böden in voller Sonne.
Lebensbereiche: Fr,1,so,–b: Freifläche; trocken; sonnig; beetstaudenähnlich.
Verwendung: Beete. Auffällige Staude. Schnittpflanze.
Vermehrung: Aussaat.
Ähnliche Art: *A. stipitatum,* Blütenkugel bis 90 cm hoch, rosa. 'Purple Sensation', bis 90 cm hoch, rotviolette Blütenkugeln.

Allium karataviense
Blauzungen-Lauch
Alliaceae, Lauchgewächse

Heimat: Turkestan.
Wuchsform: Eintriebige Zwiebelpflanze mit 2 breiten Blättern.
Blatt: Gegenständig, bis 6 cm breit und 25 cm lang, gebogen, blaugrün.
Blüte: Zusammengesetzte Dolde bis 12 cm breit und 20 cm hoch, silbrigrosa, IV–V.
Fruchtstand: Kugelig; zusammengesetzte Dolde.
Standort: Volle Sonne, für nährstoffarme Böden.
Lebensbereiche: FS,1,so: Felssteppe, trocken; sonnig. Auch für Steinanlagen.
Verwendung: Steingärten, Kalk-Schotterbeete. Bienenweide.
Vermehrung: Samen und Brutzwiebeln.
Sorte: 'Album', weiße Blüten.
Ähnliche Art: *A. akaka* mit schmaleren Blättern, selten.

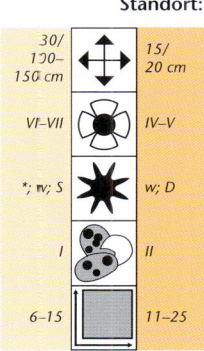

30/ 100–150 cm		15/ 20 cm
VI–VII		IV–V
*; IV; S		w; D
I		II
6–15		11–25

Allium moly
Pyrenäen-Gold-Lauch
Alliaceae, Lauchgewächse

Heimat: Pyrenäen, Spanien, Mittelmergebiet.
Wuchsform: Aufrecht bis bogig überhängend.
Blatt: Breit-lanzettlich, matt blaugrün.
Blüte: Zusammengestzte Dolde. Langstielig, leuchtend goldgelb, mit wenigen Einzelblüten, V–VI.
Fruchtstand: Zusammengesetzte Dolde.
Standort: Nährstoffarme Böden in voller Sonne.
Lebensbereiche: <u>FS,1,so–abs</u>: Felssteppe; trocken; sonnig bis absonnig.
Verwendung: Steinanlagen und Freiflächen in voller Sonne. Dachbegrünung.
Vermehrung: Aussaat und Brutzwiebeln sowie Teilung der Zwiebelhorste.
Hinweis: Anspruchslose, sehr schöne Art.

Allium oreophilum
Rosen-Lauch
(Syn.: A. ostrowskianum)
Alliaceae, Lauchgewächse

Heimat: O-Türkei, Kaukasus.
Wuchsform: Eintriebige Zwiebelpflanze.
Blatt: 2–3 cm breit, graugrün.
Blüte: In lockerer, zusammengesetzter Dolde, leuchtend rosa, VI–VII.
Fruchtstand: Zusammengesetzte Dolde, Stiele 15 cm lang.
Standort: Sonnige Bereiche in mageren Böden.
Lebensbereiche: <u>FS,1,so</u>: Felssteppe; trocken; sonnig. Auch für <u>Steinanlagen</u>.
Verwendung: Steingarten, Freiflächen.
Vermehrung: Aussaat, Brutzwiebeln.
Sorte: 'Zwanenburg', dunkelrosa.

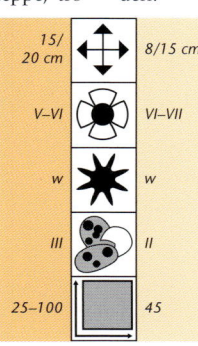

15/ 20 cm	8/15 cm
V–VI	VI–VII
w	w
III	II
25–100	45

Anaphalis margaritacea
Silberimmortelle, Perlkörbchen
Asteraceae, Asterngewächse

Heimat: Nördliches N-Amerika, Japan.
Wuchsform: Breit aufrecht, Verbreitung durch kriechende Rhizome.
Blatt: Schmal–lanzettlich, 7–12 cm lang, unterseits weißwollig.
Blüte: In lockeren Köpfchen, weiß, VII–IX.
Frucht: Pergamentartig, weiß.
Standort: Durchlässige Böden in voller Sonne.
Lebensbereiche: Fr,2,so: Freifläche; frisch; sonnig. Auch Felssteppe.
Verwendung: In größerer Zahl in lockeren Böden. Trockenbinderei
Vermehrung: Teilung, Abtrennung der Ausläufer, Aussaat.
Sorte: 'Neuschnee', 40–50 cm hoch.
Ähnliche Art: *A. triplinervis*, 20–40 cm hoch, nicht wuchernd.

Androsace sarmentosa
Himalaja-Mannsschild
Primulaceae, Primelgewächse

Heimat: W-China, Himalaja.
Wuchs: Rosetten an langen Stolonen, dadurch lockere Matten bildend.
Blatt: Elliptisch, 2–3 cm lang, wintergrün.
Blüte: Blüten in Dolden, 10 cm hoch, rosafarben, IV–V.
Fruchtstand/Frucht: Doldig. Samen werden bei uns selten ausgebildet.
Standort: Im Halbschatten, Boden leicht sauer.
Lebensbereiche: A,2,abs: Alpinum; frisch; absonnig. Auch Felssteppe, Steinanlagen.
Verwendung: Durchlässige Böden im Steingarten.
Vermehrung: Rosettenstecklinge, Aussaat im Frühling.
Sorte: 'Salmon', dunkelrosa.
Ähnliche Art: *A. primuloides*, ist wohl identisch mit *A. sarmentosa*.
Hinweis: Lange, drahtartige Ausläufer.

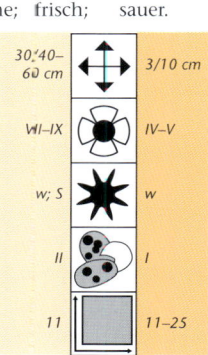

30,40–60 cm		3/10 cm
VII–IX		IV–V
w; S		w
II		I
11		11–25

Anemone blanda
Strahlen-Anemone
Ranunculaceae, Hahnenfuß-
gewächse

Heimat: SO-Europa, Kleinasien, Kaukasus.
Wuchsform: Zarte Stiele erscheinen aus ei-
nem knolligen Wurzelstock. Horstig. Zieht
nach der Blüte ein
Blatt: Handförmig geteilt, mattgrün, kahl.
Blüte: Einfach, vielstrahlig, 3–4 cm, dunkelblau, III–IV.
Fruchtstand/Frucht: Kugeliger Fruchtstand
mit Nüsschen.
Standort: Kalkhaltige Humusbö-
den im Halbschatten.
Lebensbereiche:  GR,1–2,so–hs:
Gehölzrand; trocken bis frisch;
sonnig bis halbschattig. Auch
für Gehölze und Steinanlagen.
Verwendung: Unter Sträuchern
im Frühlingsgarten und Stein-
garten.
Vermehrung: Aussaat und Tei-
lung der Knollen im Frühling.
Sorte: 'Radar', violett mit weißer
Mitte; 'White Splendour', weiß
(Bild).

Anemone-Japonica-Gruppe
Japanische Herbst-Anemone
Ranunculaceae, Hahnenfuß-
gewächse

Heimat: Japan. Züchtungen.
Wuchsform: Buschig, Ausläufer bildend,
60–80 cm hoch.
Blatt: 3-teilig gelappt, leicht behaart.
Blüte: Schalenförmig, weiß (auch rosa und
rot), IX–X.
Frucht: Nüsschen mit weißem Pappus.
Standort: Humusreiche Böden im Halbschat-
ten.

Lebensbereiche: GR,2,hs,–b: Gehölzrand; frisch; halbschattig;
beetstaudenähnlich.
Verwendung: Vor und zwischen
Gehölzen, aber auch für Freiflächen und Beete.
Vermehrung: Teilung und Wurzelschnittlinge (im Winter).
Sorte: 'Honorine Jobert', ***,
weiß, 'Prinz Heinrich', *, rot,
halbgefüllt (Bild).
Hinweis: Treibt erst spät aus, daher gut mit Blumenzwiebeln.

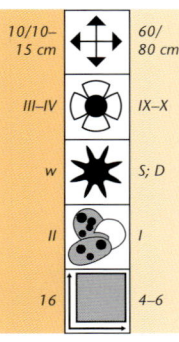

10/10–15 cm	60/80 cm
III–IV	IX–X
w	S; D
II	I
16	4–6

 Anemone nemorosa
Buschwindröschen
Ranunculaceae, Hahnenfußgewächse

Heimat: Europa bis Asien.
Wuchsform: Buschig, bildet stabförmige Rhizome. Zieht nach der Blüte ein.
Blatt: 3-teilig, lang gestielt, 15 cm hoch
Blüte: Schalenförmig, weiß, am Abend und
bei Regen geschlossen, III–IV.
Fruchtstand/Frucht: Kugeliger Fruchtstand
mit Nüsschen.
Standort: Lichte Laubwälder mit humosen
Böden.
Lebensbereiche: G,2,hs: Gehölz;
frisch; halbschattig. Auch Gehölzrand.
Verwendung: Unterpflanzung
unter Gehölzen in reifen Böden
Vermehrung: Teilung der Rhizome, Aussaat langwierig.
Sorte: 'Alba Plena', weiß gefüllte
Blüten, 'Blue Bonnet', blau.
Hinweis: Giftige Pflanze.

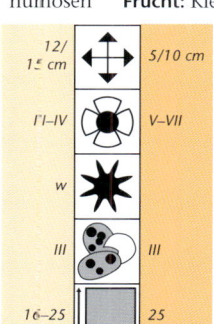

 **Antennaria dioica**
Katzenpfötchen
Asteraceae, Asterngewächse

Heimat: Eurasien: nördliche, subarktische
Zone.
Wuchsform: Über dem Boden kriechend,
Matten bildend.
Blatt: Spatelförmige Rosettenblätter, graufilzig.
Blüte: Zweihäusig. In Köpfchen, Blütenstängel beblättert, weiß bis rosa, V–VII.
Frucht: Kleine Samen mit Haarkranz.
Standort: Durchlässige, sandige
Böden in voller Sonne.
Lebensbereiche: H,1,so: Heide;
trocken; sonnig. Auch für Matten und Steinanlagen.
Verwendung: Mattenbildner auf
kalkarmen, leichten Böden.
Vermehrung: Teilung im Frühling, Aussaat.
Sorte: 'Rubra', rot, besonders
wertvolle Sorte (w).

12/ 15 cm		5/10 cm
III–IV		V–VII
w		
III		III
16–25		25

Anthemis tinctoria
Färber-Kamille
Asteraceae, Asterngewächse

Heimat: Europa.
Wuchsform: Breitbuschig, horstig.
Blatt: Fiederteilig, oberseits grün, unten weiß-filzig.
Blüte: Blütenteller, goldgelb, VII–IX.
Fruchtstand: Körbchen.
Standort: Sonnig, trocken, kalkreiche, nährstoffarme Böden.
Lebensbereiche: <u>Fr,1,so</u>: Freifläche; trocken; sonnig. Auch für den <u>Gehölzrand</u>.
Verwendung: Sonnige Flächen in geschützter Lage. Dachbegrünung. Duftpflanze. Schnittpflanze. Bienenweide.
Vermehrung: Risslinge im Frühling.
Sorte: 'Grallagh Gold', *, goldorange; 60–90 cm hoch (Bild).

Anthericum liliago
Astlose Graslilie
Anthericaceae, Grasliliengewächse

Heimat: Heimische Art, auch in Russland und S-Europa.
Wuchsform: Lockerhorstig, bis 50 cm Höhe.
Blatt: Linealisch, grün.
Blüte: Ähriger Blütenstand, weiße Trichterblüten, V–VI.
Fruchtstand: Kugelig.
Standort: Trockene, sonnige Hänge auf kalkreichen Böden.
Lebensbereiche: <u>Fr,1,so</u>: Freifläche; trocken; sonnig. Auch <u>Gehölzrand</u> und <u>Steinanlagen</u>.
Verwendung: Extensive Dachbegrünung. Schnittpflanze. Bienenweide.
Vermehrung: Aussaat, Teilung im Frühling.
Sorte: 'Grandiflora', größere Blüten.
Ähnliche Art: *A. ramosum,* Ästige Graslilie, VI–VIII.

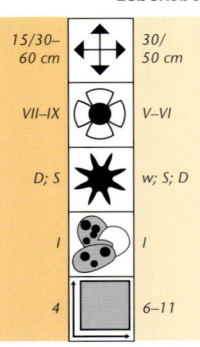

15/30–60 cm		30/50 cm
VII–IX		V–VI
D; S		w; S; D
l		l
4		6–11

 Aponogeton distachyos
Wasserähre
Aponogetonaceae,
Wasserährengewächse

Heimat: S-Afrika.
Wuchsform: Wasserpflanze mit Schwimm-
blättern, lockerhorstig.
Blatt: Lineal-lanzettlich, schwimmend.
Blüte: Gabeliger Blütenstand, weiße Ähre,
lange Blütezeit von VI–X.
Frucht: Unscheinbar.
Standort: Stehende Gewässer, nährstoffreiche
Böden, warme Lage. Teich darf nicht kom-
plett zufrieren.
Lebensbereiche: W,6,so: Wasser;
Schwimmblattpflanzen; sonnig.
Verwendung: Teiche in ge-
schützter Lage.
Vermehrung: Teilung im Früh-
ling.

 **Aquilegia vulgaris**
Gewöhnliche Akelei
Ranunculaceae, Hahnenfuß-
gewächse

Heimat: Europa, von N-Afrika bis zum Kaukasus.
Wuchsform: Horstig, aufrecht. Wurzeln rü-
benförmig.
Blatt: Doppelt 3-zählig, blaugrün.
Blüte: In endständigen Rispen, gespornt.
dunkelblau, V–VI.
Frucht: Mehrteilige Balgfrucht. Samen
schwarz.

Standort: Halbschattige Plätze in
kalkhaltigen Böden.
Lebensbereiche: GR,1–2,so–hs:
Gehölzrand; trocken bis frisch,
sonnig bis halbschattig.
Verwendung: Unter Gehölzen,
Wildstaudenpflanzungen.
Vermehrung: Aussaat im Früh-
ling.
Sorte: Viele, auch langspornige
Sorten zum Schnitt.
Hinweis: Giftige Pflanze.

0/ 20 cm		25/40– 60 cm
V–X		V–VI
II		II
4–16		11

Arabis caucasica
Gänsekresse
Brassicaceae, Kohlgewächse

Heimat: SO-Europa bis Mittelasien
Wuchsform: Polsterbildend, rasig, flach.
Blatt: Spatelig, 6–8 cm lang, graugrün.
Blüte: Große Blütentraube, weiß, manche Sorten auch rosa, III–IV.
Frucht: Schötchen, 3–4 cm lang.
Standort: Durchlässige Böden in meist sonniger Lage.
Lebensbereiche: <u>M,2,so–hs</u>: Matten, frisch; sonnig bis halbschattig; auch <u>Steinanlagen</u>.
Verwendung: Steingärten, Mauerkronen, in Fugen der Trockenmauern, Einfassungen. Bienenweide.
Vermehrung: Aussaat im Frühling, Stecklinge der Rosetten im Winter möglich.
Sorte: 'Plena', weiß gefüllt (Bild), Schnittpflanze.
Hinweis: Anspruchslos.

Armeria maritima
Grasnelke
Plumbaginaceae, Bleiwurzgewächse

Heimat: Europa: Zirkumpolar.
Wuchsform: Polster mit langer Pfahlwurzel.
Blatt: Grasartig, bis 5 cm lang, dunkelgrün, wintergrün.
Blüte: Blütenköpfchen langstielig, rosa, V–VI.
Fruchtstand: Mit trockenhäutigem Hochblatt.
Standort: Meernahe Sandböden in voller Sonne. Sehr anspruchslos.
Lebensbereiche: <u>FS,1,so</u>: Felssteppe; trocken; sonnig; auch <u>Steinanlagen</u>.
Verwendung: Flächig, in kleinen Tuffs, Steingärten, Dachgärten.
Vermehrung: Aussaat im Frühling, Abrisslinge mit Wurzelansatz nach der Blüte.
Sorte: 'Alba', weiß; 'Düsseldorfer Stolz', **, rot (Bild); 'Vesuv', Laub dunkel, im Winter fast schwarz, Blüte rot.
Hinweis: Toleriert Salzböden.

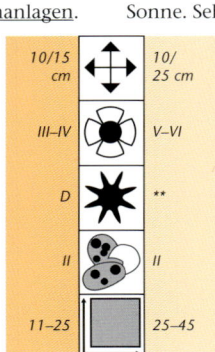

10/15 cm	10/ 25 cm
III–IV	V–VI
D	**
II	II
11–25	25–45

Artemisia schmidtiana
Silberraute
Asteraceae, Asterngewächse

Heimat: Japan, Sachalin.
Wuchsform: Kissenförmig.
Blatt: Fächerförmig eingeschnitten, silbrig.
Blüte: Weiß im Sommer, VIII.
Fruchtstand: Einzelblüten köpfchenartig, klein, in Rispen.
Standort: Sonnig, trocken. Auf gut dränierten Böden.
Lebensbereiche: <u>M,1–2, so</u>: Matten; trocken bis frisch; sonnig; auch <u>Steinanlagen</u>.
Verwendung: Bodendecker für sonnige Lagen in durchlässigen Böden.
Vermehrung: Teilung im Frühling.
Sorte: 'Nana', Zwerg-Silberraute, bleibt noch niedriger, blüht selten (Bild).

Aruncus dioicus
Wald-Geißbart
Rosaceae, Rosengewächse

Heimat: Europa bis Sibirien, N-Amerika.
Wuchsform: Dichtbuschig, horstig.
Blatt: Doppelt 3- bis 5-fach gefiedert.
Blüte: In 50 cm langen Rispen, zweihäusig, weiß, VI–VII.
Frucht: Unscheinbar.
Standort: Waldrand, Halbschatten, gerne in Bachnähe.
Lebensbereiche: <u>GR,2,hs–sch</u>: Gehölzrand; frisch; halbschattig bis schattig.
Verwendung: Einzeln in größeren, naturnahen Gärten und Parks.
Vermehrung: Teilung schwierig. Aussaat im Frühling.
Sorte: 'Kneiffii', Laub geschlitzt.
Hinweis: Besonders langlebige Art.

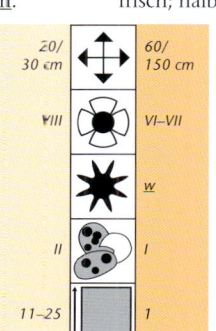

20/30 cm	60/150 cm
VIII	VI–VII
	w
II	I
11–25	1

Asarum europaeum

Haselwurz
Aristolochiaceae, Oster-
luzeigewächse

Heimat: Altai, Europa bis Sibirien.
Wuchsform: Kriechend, mattenartig.
Blatt: Nierenförmig, immergrün, Unterseite im Winter oft rötlich.
Blüte: Glockenförmig, unter dem Laub verborgen, grünbraun, III–V.
Frucht: Kapsel braun.
Standort: Humus der Kalkbuchenwälder im Schatten.
Lebensbereiche: G,2,hs: Gehölz; frisch; halbschattig.
Verwendung: Unter Gehölzen in humosen Böden als Flächendecker.
Vermehrung: Teilung, Aussaat.
Hinweis: Nicht tief pflanzen. Anlaufphase nach der Pflanzung.

Asphodeline lutea
Junkerlilie
Asphodelaceae, Junkerlilien-
gewächse

Heimat: Mittelmeergebiet.
Wuchsform: Horstig, aufrecht.
Blatt: Lineallanzettlich, 30 cm lang, grau–blaugrün, wintergrün.
Blüte: Dichte Blütentraube, 80 cm hoch, gelb, V–VI.
Frucht: Kugelig, mit 3-kantigem, schwarzen Samen.
Standort: Warm, vollsonnig, für geschützte Lagen; durchlässige Kalkböden.
Lebensbereiche: FS,1,so: Felssteppe; trocken; sonnig; auch für Freiflächen.
Verwendung: Sonnige Böschungen; Kiesflächen, Steinterrassen.
Vermehrung: Aussaat und Teilung.
Hinweis: **Winterschutz** vorteilhaft.

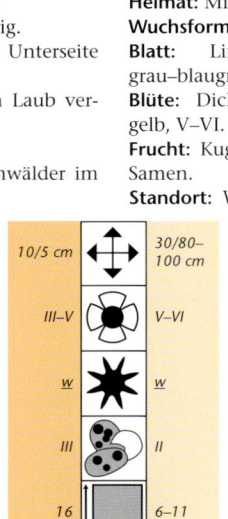

10/5 cm		30/80–100 cm
III–V		V–VI
w		w
III		II
16		6–11

Asplenium scolopendrium 'Crispa'

(Syn.: Phyllitis scolopendrium)
Wellen-Hirschzungenfarn
Aspleniaceae, Streifenfarn-
gewächse

Heimat: Züchtung.
Wuchsform: Horstig, aufrecht bis leicht überhängend.
Blatt: Länglich-lanzettlich, ungeteilt, Blatt-
ränder gewellt, wintergrün. Sori auf der Blattunterseite in länglichen Streifen angeordnet,
braun.
Standort: Humusreiche Kalkböden in schattigen Lagen.
Lebensbereiche: <u>G,2–3,hs–sch:</u>
Gehölz; frisch bis feucht; halbschattig bis schattig; auch für
<u>Steinfugen</u> und <u>Steinanlagen.</u>
Verwendung: Bachränder, Steingärten, zwischen Gehölzen.
Vermehrung: Teilung und Sporen, die von Juli bis Oktober reifen. Sorten werden durch Blatt-
stielstecklinge vermehrt.

Asplenium trichomanes

Braunstieliger Streifenfarn
Aspleniaceae, Streifenfarn-
gewächse

Heimat: Weltweit; heimisch.
Wuchsform: Lockerhorstig, auch bogig über-
hängend.
Blatt: Gefiedert, mattgrün, Stiel dunkel, win-
tergrün.
Standort: Absonnige Steinfugen von Felsen,
meist auf Kalk.
Lebens-bereiche: <u>SF,2,hs:</u> Steinanlagen;
frisch; absonnig; auch <u>Steinanlagen.</u>
Verwendung: Für Steingärten,
Tröge und Mauern im Halb-
schatten.
Vermehrung: Teilung und Spo-
ren.
Sorte: 'Incisum', Gesägte Stein-
feder. Blättchen tief eingeschnit-
ten.
Hinweis: Oft mit der Mauerraute
(*A. ruta-muraria*) anzutreffen.

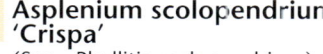
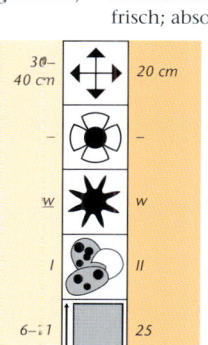

30–40 cm	20 cm
–	–
w	w
I	II
6–11	25

Aster alpinus
Alpen-Aster
Asteraceae, Asterngewächse

Heimat: Alpen bis Sibirien, Pyrenäen.
Wuchsform: Lockerhorstig, polsterbildend.
Blatt: Spatelig, 6–8 cm lang, ganzrandig.
Blüte: Hellviolett mit gelber Scheibe, V–VI.
Fruchtstand/Frucht: Körbchen; Samen mit Pappus.
Standort: Durchlässige, kalkhaltige Böden, nachrutschender Schutt günstig.
Lebensbereiche: <u>FS,1–2; so:</u> Felssteppe; trocken bis frisch; sonnig. <u>Matten</u>, <u>Steinanlagen</u>.
Verwendung: In kleinen Gruppen im Steingarten. Schalenbepflanzung.
Vermehrung: Teilung nach der Blüte oft notwendig. Aussaat.
Sorte: 'Albus', weiß; 'Dunkle Schöne', dunkelviolett.
Hinweis: Wurzelhals immer wieder mit Erde bedecken. Anspruchslos, aber nur in leichten, durchlässigen Böden.

Aster amellus
Berg-Aster
Asteraceae, Asterngewächse

Heimat: Südliches Mitteleuropa bis Armenien und Sibirien.
Wuchsform: Horstig, aufrecht, am Grund verholzend.
Blatt: Breit-lanzettlich, rauhaarig, 4–6 cm lang.
Blüte: Blütenstand verzweigt, blauviolett mit gelber Scheibe, VIII–IX.
Fruchtstand/Frucht: Körbchen; Samen mit Pappus.

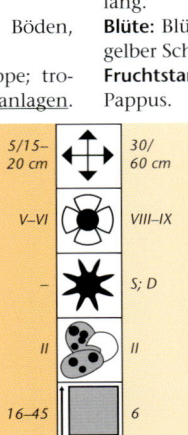

Standort: Sonnige Hänge auf Kalkböden.
Lebensbereiche: <u>FR,1–2,so:</u> Freifläche; trocken bis frisch; sonnig; auch <u>Steppenheide</u>.
Verwendung: Wildstaudenpflanzungen auf durchlässigen Böden in sonniger Lage.
Vermehrung: Stecklinge im April bis Mai; Aussaat möglich.
Sorte: 'Kobold', *, violett, 40 cm; 'Veilchenkönigin', ***, dunkelviolett, 55 cm (Bild).

Aster dumosus
Kissen-Aster
Asteraceae, Asterngewächse

Heimat: N-Amerika.
Wuchsform: Aufrecht, kissenartig, aber mit kriechendem Wurzelstock.
Blatt: Lineal-lanzettlich, ganzrandig, grün, 34 cm lang.
Blüte: Körbchenblüten in doldigem Blütenstand, lila mit gelber Scheibe, VIII–X.
Fruchtstand/Frucht: Körbchen; Samen mit Pappus.
Standort: Sonnige Plätze im Staudengarten.
Lebensbereiche: Fr,2,so: Freifläche; frisch; sonnig. Verschiedene Sorten können dem Lebensbereich Beet zugeordnet werden.
Verwendung: In Wildstaudenpflanzungen in Gruppen, Rabatten, Einfassungen.
Vermehrung: Triebrisslinge im Frühling, Teilung.
Sorte: 'Herbstgruß vom Bresserhof' (Bild), ***, violettrosa, 40 cm; 'Prof. Anton Kippenberg', ***, lavendelblau, 40 cm; 'Schneekissen', *, weiß, 30 cm.

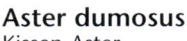

Aster novae-angliae
Raublatt-Aster
Asteraceae, Asterngewächse

Heimat: N-Amerika.
Wuchsform: Aufrecht, horstig, Stiele beblättert, kurze Ausläufer.
Blatt: Rau behaart, lanzettlich, bis 5 cm lang.
Blüte: Blütenköpfe 2,5–4 cm groß, Scheibenblüten gelb, Zungenblüten weiß, rosa, rot oder blau, rollen sich abends ein, Blütenstand verzweigt, IX–X.
Fruchtstand/Frucht: Körbchen; Samen mit Pappus.
Standort: Tiefgründige, nährstoffreiche Böden, sonnig.
Lebensbereiche: Fr,2,so: Freifläche; frisch; sonnig.
Verwendung: Wichtige Leitstaude in Staudenbeeten und Rabatten. Bienenweide.
Vermehrung: Teilung.
Sorte: 'Alma Pötschke', 100 cm, lachsrosa; 'Herbstschnee', **, 130 cm, weiß; 'Rubinschatz', **, 130 cm, rot; 'Rudelsburg', **, 120 cm, lachsrosa (Bild).

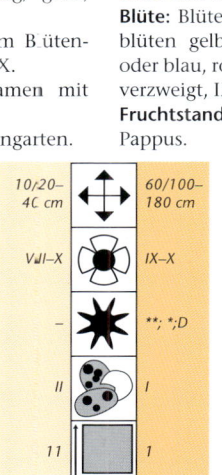

Aster novi-belgii
Glattblatt-Aster
Asteraceae, Asterngewächse

Heimat: N-Amerika.
Wuchsform: aufrecht, horstig, dicht–buschig, ausläuferbildend.
Blatt: Glatt, lanzettlich, dunkelgrün, 4–5 cm.
Blüte: Köpfchen in lockeren Doldenrispen, Scheibenblüten gelb, Zungenblüten blau, rosa, rot oder weiß, IX–X.
Fruchtstand/Frucht: Körbchen; Samen mit Pappus.
Standort: Durchlässige, kräftige Gartenböden in voller Sonne.
Lebensbereiche: Fr,2,so: Freifläche, frisch, sonnig.
Verwendung: Einzeln oder in Gruppen auf Rabatten. Schnittpflanze.
Vermehrung: Teilung im Herbst oder Frühling.
Sorte: 'Crimson Brocade', *, 100 cm, rot; 'Dauerblau' (Bild), ***, 140 cm, dunkelblau; 'Fellowship'*, 100 cm, rosa; 'Weißes Wunder', 120 cm, weiß.
Hinweis: Anfällig gegen Mehltau.

Astilbe × arendsii
Prachtspiere
Saxifragaceae, Steinbrechgewächse

Heimat: Züchtung aus ostasiatischen Arten.
Wuchsform: Breitbuschig, horstig.
Blatt: Dreifach 3-teilig, lang gestielt, dunkelgrün, Austrieb rotbraun.
Blüte: Rispen straff oder locker, je nach Sorte, viele Farbtöne weiß, rot, violett, VII–IX.
Frucht: Klein, unscheinbar.
Standort: Durchlässige, humose (saure) Böden im Halbschatten. Höhere Luftfeuchtigkeit.
Lebensbereiche: B,2,so–hs: Beet; frisch; sonnig bis halbschattig; auch Gehölzrand.
Verwendung: Vor und zwischen Gehölzen, z.B. Rhododendron. Flächig. Schnittpflanze.
Vermehrung: Teilung des Wurzelstocks im Frühling.
Sorte: 'Cattleya', ***, 100 cm, locker, rosa; 'Deutschland', 50 cm, weiß; 'Fanal', *, 60 cm, dunkelrot; 'Obergärtner Jürgens', **, 60 cm, karmin (Bild).

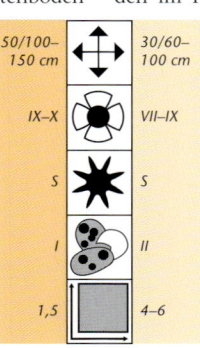

50/100–150 cm		30/60–100 cm
IX–X		VII–IX
S		S
I		II
1,5		4–6

Astilbe chinensis
var. pumila
Chinesische Zwerg-Prachtspiere
Saxifragaceae, Steinbrech-
gewächse

Heimat: Tibet, N-China.
Wuchsform: Buschig, ausläuferbildend, niedrig.
Blatt: Dreifach 3-zählig, schwach behaart.
Blüte: Aufrechte, steife Rispen, violettrosa, VIII–IX.
Frucht: Unscheinbar.
Standort: Kräftige, humose Böden, verträgt auch sonnige Lagen.
Lebensbereiche: GR,2,so–hs: Gehölzrand; frisch; sonnig bis halbschattig; auch Gehölz.
Verwendung: Flächige Pflanzungen vor Gehölzen. Auch für Gräber und Steingärten.
Vermehrung: Teilung im Frühling.

Astragalus angustifolius
Schmalblättriger Tragant
Fabaceae, Schmetterlingsblütler

Heimat: Balkan, Kreta, Kleinasien.
Wuchsform: Polsterbildend, flach, bis 1 m breit. Bewehrte Triebe.
Blatt: Gefiedert, bis 4 mm lang, silbergrau.
Blüte: Weiß, V–VI.
Frucht: Hülse.
Standort: Durchlässige Böden in voller Sonne.
Lebensbereiche: FS,1,so: Felssteppe; trocken sonnig; auch Steinfugen und Steinanlagen.
Verwendung: Für Steingärten aller Art, vorwiegend auf Kalk.
Vermehrung: Risslinge im Herbst, vorher Polster einsanden.
Hinweis: Nur mit Topfballen verpflanzbar. Dornenstrauch.

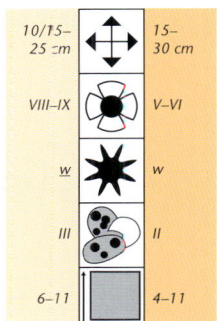

10/15–25 cm		15–30 cm
VIII–IX		V–VI
w		w
III		II
6–11		4–11

Astrantia major
Große Sterndolde
Apiaceae, Selleriegewächse

Heimat: Mittel- bis O-Europa.
Wuchsform: Buschig, horstbildend.
Blatt: Handförmig, 5-teilig, Stängel beblättert.
Blüte: Weiß bis rötlich; auffällige Hüllblätt-chen, VI–VIII.
Frucht: Klein, unscheinbar.
Standort: Humose Böden im Halbschatten, Bergwiesen.
Lebensbereiche: GR,2,hs: Gehölzrand; frisch; halbschattig. Auch Freifläche.
Verwendung: Vor und zwischen Gehölzen. Schnittpflanze. Bie-nenweide. Heilpflanze.
Vermehrung: Teilung im Früh-ling.
Sorte: 'Ruby Wedding', dunkel-rot, wertvolle Neuheit.

Athyrium filix-femina
Frauenfarn
Woodsiaceae, Wimpernfarn-gewächse

Heimat: Nördliche Halbkugel, S-Amerika.
Wuchsform: Horstig, Wedel bogig überhän-gend.
Blatt: Doppelt bis 3-fach gefiedert, hellgrün.
Standort: Wälder, auf humosen, durchlässi-gen, kalkarmen Böden.
Lebensbereiche: G,2,so–sch: Gehölz; frisch; sonnig bis schattig; auch Gehölzrand.
Verwendung: Unter Gehölzen, im Einzel-stand oder in kleinen Trupps.
Vermehrung: Teilung im Früh-ling; Sporenreife VII–VIII.
Sorte: 'Bornholmiense', 25 cm; 'Cristatum', gegabelt; 'Rotstiel' (Bild).

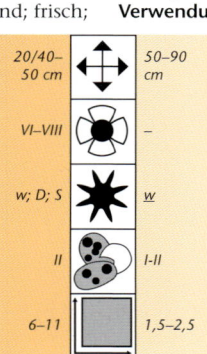

20/40–50 cm		50–90 cm
VI–VIII		–
w; D; S		w
II		I–II
6–11		1,5–2,5

Aubrieta-Sorten
Blaukissen
Brassicaceae, Kohlgewächse

Heimat: Züchtungen der Blaukissenarten aus dem Mittelmeerraum.
Wuchsform: Polsterbildend.
Blatt: Spatelförmig, am Ende gezähnt, graugrün, immergrün, 2–3 cm lang.
Blüte: 4-zählig, auch gefüllt, blau, violett oder rot, bis 1,5 cm groß, IV–V.
Frucht: Kleine Schoten.
Standort: Sonnige Lagen in durchlässigen Böden, in Verbindung mit Steinen.
Lebensbereiche: MK,2,so: Mauerkronen; frisch; sonnig; auch für Steinanlagen.
Verwendung: Auf Mauern und in Mauerfugen, Steingärten, Terrassenbeeten. Ideale Fugenpflanze für Kalksteinmauern, Geröllhänge und Tröge.
Vermehrung: Stecklinge der Rosetten im Herbst, auch Aussaat im Vorfrühling.
Sorte: 'Dr. Mules', *, blauviolett (Bild); 'Red Carpet', *, rot; 'Tauricola', *, blau.

Aurinia saxatilis
(Syn.: Alyssum saxatile)
Felsen-Steinkraut
Brassicaceae, Kohlgewächse

Heimat: Mittelmeergebiete, Zentralasien.
Wuchsform: Breit, kissenförmig bis 30 cm hoch.
Blatt: Rosettig, lanzettlich, graugrün.
Blüte: Kreuzblütchen in rispigen Trauben, goldgelb, Duft nach Honig, IV–V.
Frucht: Schötchen mit kleinen, flachen Samen.
Standort: Warm, sonnig, auf mageren Kalkböden.
Lebensbereiche: FS,1,so: Felssteppe; trocken; sonnig. Auch Steinanlagen, Steinfugen.
Verwendung: Steingärten, Geröllbeete, Trockenmauern.
Vermehrung: Aussaat. Gefüllte Sorten durch Stecklinge.
Sorte: 'Citrinum', w, Blüten zitronengelb; 'Plenum', Li, gefüllte Blüten (Bild).
Hinweis: Verbreitet sich durch Selbstaussaat an geeigneten Standorten.

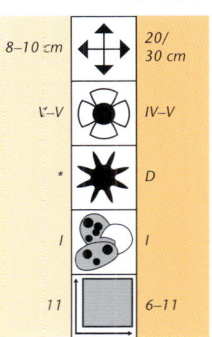

8–10 cm	20/30 cm
IV–V	IV–V
*	D
I	I
11	6–11

Azorella trifurcata
Andenpolster
Apiaceae, Selleriegewächse

Heimat: S-Anden, Magellangebiet.
Wuchsform: Polster, Flächenbildner.
Blatt: Fein geschlitzt, steife Rosetten bildend, glänzend dunkelgrün.
Blüte: Unscheinbar, gelblichgrün, V–VI.
Frucht: Unscheinbar.
Standort: Sonnige bis halbschattige Flächen in durchlässigen Böden.
Lebensbereiche: FS,1–2,so–hs: Felssteppe; trocken bis frisch; sonnig bis halbschattig; auch für Matten und Steinanlagen.
Verwendung: Als Flächenbildner für Steingärten, Gräber, Gefäße.
Vermehrung: Rosettenstecklinge vom Frühherbst bis Winter, Risslinge.
Hinweis: Leichter Winterschutz in strengen Wintern. Fäulnisgefahr bei Nässe.

Bergenia-Sorten
Bergenie
Saxifragaceae, Steinbrechgewächse

Heimat: Züchtung. Arten aus O-Asien.
Wuchsform: Ausgebreitet, kriechender Wurzelstock.
Blatt: Breitflächig, bis 30 cm lang, gestielt, glänzend immergrün.
Blüte: In Trugdolden, Einzelblüte glockig, rosa, rot oder weiß, IV–V.
Frucht: Kapsel gespalten.
Standort: Völlig anspruchslos.
Lebensbereiche: GR,2,so–hs: Gehölzrand; frisch; sonnig bis halbschattig; auch für Steinanlagen und Freiflächen.
Verwendung: Einzeln oder flächig, in kleinen Tuffs, im Halbschatten optimal. Schnittpflanze. Blattschmuck. Bienenweide.
Vermehrung: Teilung im Frühling.
Sorte: 'Admiral', **, 40 cm, rot (Bild); 'Silberlicht', **, 40 cm, weiß.

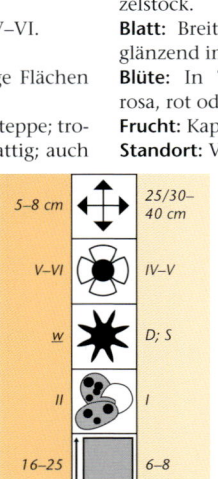

5–8 cm		25/30–40 cm
V–VI		IV–V
w		D; S
II		I
16–25		6–8

Bistorta affinis
(Syn.: Polygonum affine)
Teppich-Knöterich
Polygonaceae, Knöterichgewächse

Heimat: Nepal.
Wuchsform: Mattenbildend, kriechend.
Blatt: Lanzettlich, ganzrandig, grün.
Blüte: Aufrechte Ähre mit rosafarbenen Blütchen, VII–IX.
Fruchtstand/Frucht: Ähren, unscheinbar.
Standort: Matten in durchlässigen Böden in voller Sonne. Im Schatten blüharm.
Lebensbereiche: Fr,2–3,so–abs: Freifläche; frisch bis feucht; sonnig bis absonnig. Gehölzrand.
Verwendung: Als dichte Bodendecker für größere Flächen. Zur Grabbepflanzung.
Vermehrung: Teilung im Frühling.
Sorte: 'Superbum', w, rosa, reich blühend; 'Donald Lowndes', Li, korallenrosa.
Hinweis: Kann schwächere Partner verdrängen.

Blechnum spicant
Wald-Rippenfarn
Blechnaceae, Rippenfarngewächse

Heimat: Heimisch auf der nördlichen Halbkugel.
Wuchsform: Flach ausgebreitet, lockerhorstig.
Blatt: Gefiedert, sterile Wedel breit-lanzettlich, 20–30 cm lang, immergrün.
Blüte: Fertile Sporenwedel (Sporophylle) sommergrün, steif aufrecht, bis über 50 cm lang. Mit vielen braunen Sporangien besetzt.
Standort: Saure Humusböden im Schattenbereich in mehr feuchten Lagen. Rohhumusböden.
Lebensbereiche: G,2–3,hs–sch: Gehölz; frisch bis feucht; halbschattig bis schattig; auch für den Gehölzrand.
Verwendung: Vor und unter kalkarm liebenden Gehölzen (z.B. Rhododendron); an Bachläufen
Vermehrung: Teilung im Frühling, Sporenvermehrung.

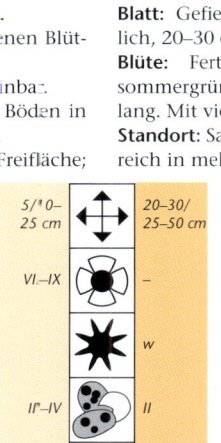

5/10–25 cm	20–30/25–50 cm
VI.–IX.	–
	w
II.–IV	II
6–11	6–11

Briza media

Mittleres Zittergras,
Herz-Zittergras
Poaceae, Süßgräser

Heimat: Asien, Mittel- und S-Europa.
Wuchsform: Aufrecht, lockerhorstig.
Blatt: Linealisch, zugespitzt.
Blüte: Grüne, herzförmige Ährchen an lockeren Blütenrispen, V–VIII.
Fruchtstand: Hellbraun, herzförmig. Karyopse.
Standort: Magerwiesen in sonniger Lage in humosen Böden.
Lebensbereiche: <u>SH,1–2,so:</u> Steppenheide; trocken bis frisch; sonnig; auch <u>Matten</u>.
Verwendung: Wildstaudenpflanzungen. Extensive Dachbegrünung. Schnittpflanze. Trockenbinderei.
Vermehrung: Aussaat im Frühling, Teilung.

Brunnera macrophylla
Kaukasus-Vergissmeinnicht
Boraginaceae, Raublattgewächse

Heimat: W-Kaukasus.
Wuchsform: Buschig, horstbildend.
Blatt: Breit-herzförmig, bis 25 cm lang und 15 cm breit, rauhaarig.
Blüte: Blau, in lockeren Trauben über dem Laub, IV–V.
Frucht: Grüne Nüsschen.
Standort: Lehmig-humose Böden in sonniger bis halbschattiger Lage.
Lebensbereiche: <u>GR,2,so–hs:</u> Gehölzrand; frisch; sonnig bis halbschattig.
Verwendung: Vor und zwischen Gehölzen in kleinen Trupps. Blattschmuck.
Vermehrung: Aussaat und Teilung im Frühling. Wurzelschnittlinge im Winter.
Sorte: 'Blaukuppel', gedrungener Wuchs.
Besonderheit: Wurzeln auffällig schwarz gefärbt.
Hinweis: Als Flächendecker nicht ideal, da nur sommergrün. Selbstaussaat möglich.

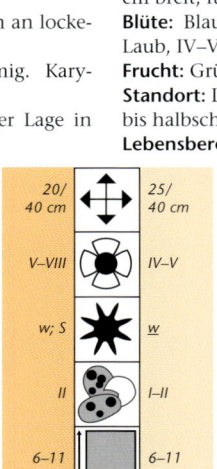

20/ 40 cm	25/ 40 cm
V–VIII	IV–V
w; S	<u>w</u>
II	I–II
6–11	6–11

Buglossoides purpureocaeruleum

(Syn.: Lithospermum purpureocaeruleum)
Steinsame
Boraginaceae, Raublattgewächse

Heimat: Kleinasien, Mittel- und S-Europa
Wuchsform: Niederliegend, bildet bogenförmige, beblätterte Ausläufer, rhizombildend.
Blatt: Lanzettlich, 2–3 cm lang, grün, grün behaart.
Blüte: In einer Wickeltraube, in der Knospe rot, geöffnet enzianblau, V–VI.
Frucht: Weißes, hartes Nüsschen
Standort: Warme Gehölzränder der Kalkbuchenwälder.
Lebensbereiche: GR,1,so–hs: Gehölzrand, trocken, sonnig bis halbschattig; auch Felssteppe und Gehölz.
Verwendung: Als guter Flächendecker für wärmere Lagen. Dachbegrünung. Bienenweide.
Vermehrung: Abtrennen der Ausläufer, halbweiche Stecklinge im Sommer.

Butomus umbellatus

Blumenbinse, Schwanenblume
Butomaceae, Schwanenblumengewächse

Heimat: Asien, Europa, N-Afrika.
Wuchsform: Aufrecht, lockerhorstig. Rhizome schwach kriechend.
Blatt: Linealisch, bis 80 cm lang, aber nur 1 cm breit, grün.
Blüte: 6-teilig, in doldigem Blütenstand, rosa, VI–VIII.
Frucht: Unscheinbare Nüsschen.
Standort: In bis zu 50 cm tiefem Wasser in Gräben, Teichen und Sümpfen.
Lebensbereiche: WR,5,so: Wasserrand; flaches Wasser; sonnig.
Verwendung: Für größere Wasserbecken und Teiche.
Vermehrung: Aussaat sofort nach der Ernte in Moorerde, Töpfe halb ins Wasser stellen. Teilung im Frühling.

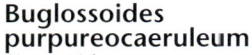
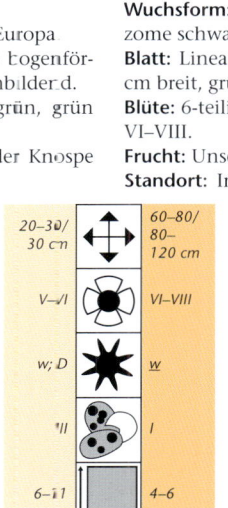

20–30/ 30 cm	60–80/ 80–120 cm
V–VI	VI–VIII
w; D	w
VII	I
6–11	4–6

Calamagrostis × acutiflora 'Karl Foerster'
Garten-Reitgras
Poaceae, Süßgräser

Heimat: Züchtung.
Wuchsform: Horstig, macht keine Ausläufer wie die Wildpflanze.
Blatt: Linealisch, grün, im Herbst gelb. Früher Austrieb.
Blüte: Rispe weitgefächert, an langen Halmen im VI–VII.
Fruchtstand/Frucht: Rispe, unscheinbare Karyopse.
Standort: In Staudenbeeten in nährstoffreiche Böden.
Lebensbereiche: Fr,2,so: Freifläche; frisch; sonnig; auch trockener.
Verwendung: Einzelstand in Beeten und Wildstaudenpflanzungen. Schnittpflanze. Wertvoller Fruchschmuck.
Vermehrung: Teilung im Frühling.

Calla palustris
Sumpf-Kalla, Schlangenwurz
Araceae, Aronstabgewächse

Heimat: Europa.
Wuchsform: Niederliegend, kriechend durch Rhizome.
Blatt: Rundlich-herzförmig, gestielt, bis 20 cm lang.
Blüte: Blütenkolben, umgeben von weißem Hochblatt (Spatha), 6–8 cm lang, gelb, V–VII.
Fruchtstand/Frucht: Kolben, Beeren zur Reife rot.
Standort: Sumpf; saure Böden, flache Gewässer.
Lebensbereiche: WR, 4–5,so–hs: Wasserrand; sumpfig bis Flachwasser, sonnig bis halbschattig.
Verwendung: Teichränder und Sumpfbeete, auch Behälter.
Vermehrung: Teilung der Rhizome im Vorfrühling und Aussaat, beides schwierig.
Hinweis: Giftige Pflanze. **Geschützte Wildpflanze.**

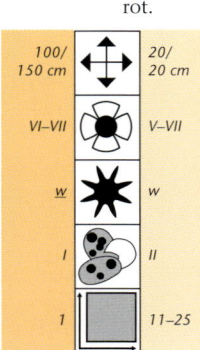

100/150 cm		20/20 cm
VI–VII		V–VII
w		w
I		II
1		11–25

Caltha palustris
Sumpf-Dotterblume
Ranunculaceae, Hahnenfuß-
gewächse

Heimat: Europa, Kleinasien, N-Amerika.
Wuchsform: Horstige Sumpfpflanze mit kräf-
tigem Wurzelstock.
Blatt: Gestielt, rund bis herzförmig, 5–8 cm
breit, glänzendgrün.
Blüte: Goldgelbe Blütenschalen am Ende ver-
zweigter Stiele, III–V.
Frucht: Balgfrucht, Samen glänzend.
Standort: Feuchte Plätze aller Art, Teich- und
Bachränder.
Lebensbereiche: 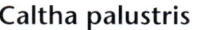 WR,4,so–hs:
Wasserrand; sumpfig; sonnig bis
halbschattig; auch für Freiflä-
chen und Gehölzränder.
Verwendung: Dauerfeuchte Stel-
len in nährstoffreichen Böden,
Teichrand.
Vermehrung: Teilung im Früh-
ling; Aussaat sofort nach der
Ernte, Töpfe müssen feucht sein!
Sorte: 'Multiplex' gefüllte Blü-
ten, Li.

Campanula carpatica
Karpaten-Glockenblume
Campanulaceae, Glockenblumen-
gewächse

Heimat: Karpaten.
Wuchsform: Polsterbildend, lockerhorstig.
Blatt: Oval-eiförmig, Blattrand gezähnt, hell-
grün.
Blüte: Schalenblüten, 3–4 cm groß, violett-
blau, VI–IX.
Frucht: Kapsel mit vielen feinen Samen.
Standort: Kalkfelsen in meist sonniger Lage.
Lebensbereiche: 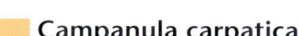 FS,2,so: Felssteppe; frisch;
sonnig; auch für Steinanlagen.
Verwendung: Steingärten, Ra-
batten, Geröllbeete.
Vermehrung: Teilung auch nach
der Blüte; Aussaat im Frühling.
Sorte: 'Blaue Clips', **, blau;
'Weiße Clips', **, weiß; beide
Sorten bilden sortenechten Samen aus; 'Karpatenkrone', **,
hellblau. Alle Sorten sollten vegetativ vermehrt werden.
Hinweis: Vor Schnecken schützen.

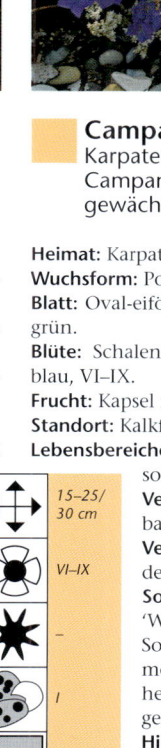

30–40/ 30–50 cm	15–25/ 30 cm
III–V	VI–IX
w	–
II	I
4–6	11–25

Campanula cochleariifolia
Zwerg-Glockenblume
Campanulaceae, Glockenblumen-
gewächse

Heimat: Alpen.
Wuchsform: Mattenartig, kriechend, ausläu-
ferbildend.
Blatt: Klein, rundlich, gezähnt.
Blüte: Glöckchen, 2 cm groß, nickend, hellblau (oder weiß), VI–VIII.
Frucht: Transparente Kapsel mit feinen Samen.
Standort: Geröllhalden, auch in Felsspalten.
Lebensbereiche: SF,2,so–hs:
Steinfugen; frisch; sonnig bis
halbschattig; auch Felssteppe
und Steinanlagen.
Verwendung: Steingartenpflanze,
die mit ihren Ausläufern Steinfugen durchdringt.
Vermehrung: Aussaat im Vorfrühling, Teilung des Wurzelge-
flechts.
Sorte: 'Alba', w, weiß; 'Warley-
ense', Li, hellblau gefüllt.
Hinweis: Vor Schnecken schützen.

Campanula glomerata
Knäuel-Glockenblume
Campanulaceae, Glockenblumen-
gewächse

Heimat: Europa, Kaukasus, Kleinasien, Mittel-
asien.
Wuchsform: Dichtbuschig, ausläuferbildend.
Blatt: Breitlanzettlich, rau, sitzend.
Blüte: End- und achselständig, in dichten
Schöpfen, dunkelviolett VII–VIII.
Frucht: Kapsel.
Standort: Sonnige Wiesenhänge in Kalkge-
bieten.
Lebensbereiche: Fr,1–2,so: Freifläche; trocken bis frisch; sonnig, auch Gehölzrand.
Verwendung: Wildstaudenpflanzungen, Schalen, Schnittpflanze.
Vermehrung: Teilung der Sorten
im Frühling. Aussaat im Vorfrühling.
Sorte: 'Alba', weiß; 'Acaulis', w,
15–20 cm (Bild); 'Superba', w,
dunkelviolett.
Hinweis: Auch Zwergsorten werden gehandelt.

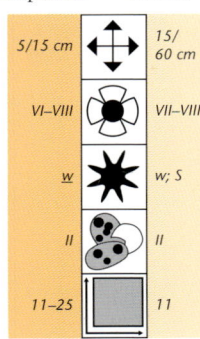

5/15 cm	15/60 cm
VI–VIII	VII–VIII
w	w; S
II	II
11–25	11

Campanula persicifolia
Pfirsichblättrige Glockenblume
Campanulaceae, Glockenblumen-
gewächse

Heimat: Europa, Balkan bis Sibirien.
Wuchsform: Aufrecht, locker, bogig überhängend, treibt Ausläufer.
Blatt: Schmal, glänzendgrün, Stängel beblättert.
Blüte: Breitglockig, groß, leuchtend blau, VI–VII.
Frucht: Kapsel.
Standort: Wiesenhänge, lichte Haine kalkreicher Böden.
Lebensbereiche: <u>GR,1,so</u>: Gehölzrand; trocken; sonnig; auch <u>Gehölz</u> und <u>Freifläche</u>.
Verwendung: Wildstaudenpflanzungen, Rabatten. Schnittpflanze (langstielig). Bienenweide.
Vermehrung: Teilung nach der Blüte.
Sorte: 'Grandiflora Alba', weiß; 'Telham Beauty', große, blaue Blüten.

Campanula porten-schlagiana
Dalmatiner Glockenblume
Campanulaceae, Glockenblumen-
gewächse

Heimat: Dalmatien.
Wuchsform: Polsterförmig, kurze, unterirdische Ausläufer bildend. Kriecht langsam.
Blatt: Rundlich, gezähnt.
Blüte: Glockig, blauviolett, breitzipfelig VI–VII, IX.
Frucht: Kleine Kapsel.
Standort: Steinige Hänge, Felsen in Sonne und Halbschatten.
Lebensbereiche: <u>ST,1–2,so–abs</u>: Steinanlagen; trocken bis frisch; sonnig bis absonnig; auch für <u>Mauerkronen</u> und <u>Steinfugen</u>.
Verwendung: Beste Steingartenpflanze, auch für Rabatten und Wegeinfassungen.
Vermehrung: Teilung nach der Blüte, Stecklinge ganzjährig.
Sorte: 'Birch', <u>w</u>, lichtblau; 'Major', lila.

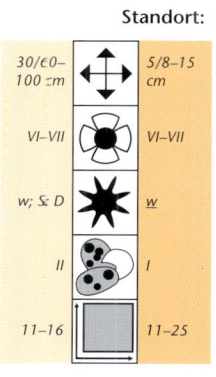

30/€0–100 cm	↔	5/8–15 cm
VI–VII	✿	VI–VII
w; S D	✴	w
II	◗	I
11–16	▢	11–25

Campanula poscharskyana
Hängepolster-Glockenblume
Campanulaceae, Glockenblumen-
gewächse

Heimat: Dalmatien (bei Dubrovnik).
Wuchsform: Niederliegend, rasig, bildet ober-
irdische, lange Ausläufer.
Blatt: Rundlich-herzförmig, am Rand ge-
zähnt.
Blüte: Sternförmig, hellblau, VI–VIII.
Frucht: Kleine Kapsel.
Standort: Durchlässige Kalkböden in Sonne
und Halbschatten.
Lebensbereiche: St,1–2,so–hs:
Steinanlagen; trocken bis frisch;
sonnig bis halbschattig.
Verwendung: Staudenbeete,
Steingärten, auch zur Dachbe-
grünung. Bienenweide.
Vermehrung: Teilung nach der
Blüte; Aussaat im Vorfrühling.
Sorte: 'Blauranke', w, violett-
blau, 20 cm, auch für Balkonkäs-
ten (Bild).
Hinweis: Langtriebe nach der
Blüte entfernen.

Carex buchananii
Fuchsrote Segge
Cyperaceae, Zyperngrasgewächse

Heimat: Neuseeland.
Wuchsform: Aufrecht-überhängend, horstig.
Blatt: Sehr schmal, eingerollt, ganzjährig rot-
braun gefärbt.
Blüte: Unscheinbare Ähren braun, 4 cm lang,
VII–VIII.
Fruchtstand/Frucht: Ähren mit Karyopse.
Standort: In der Heimat an Bächen, bei uns
eher an trockeneren Plätzen.
Lebensbereiche: Fr,2–3,so: Freifläche; frisch
bis feucht; sonnig. Felssteppe.
Verwendung: In sauren Böden
mit *Acaena* und *Hebe* oder Heide-
arten.
Vermehrung: Teilung und Aus-
saat im Frühling.
Hinweis: Leichter **Winterschutz**
vorteilhaft.

5–10/ 10–15 cm	25–50/ 50 cm
VI–VIII	VII–VIII
w; D	Li
I–II	II
6–11	11

Carex grayi
Morgenstern-Segge
Cyperaceae, Zyperngrasgewächse

Heimat: Atlantisches N-Amerika.
Wuchsform: Aufrecht, horstig.
Blatt: Schmal, bandförmig, im Herbst gelblich.
Blüte: Unscheinbare Köpfchen, VII–VIII.
Fruchtstand: Auffällige Köpfchen in Form einer Stachelkeule.
Standort: Im Frühling feuchte Wiesen in sonniger Lage.
Lebensbereiche: <u>Fr,3,so–hs</u>: Freifläche; feucht; sonnig bis halbschattig; auch <u>Wasserrand</u>.
Verwendung: Wasserrand, Schnitt, Trockensträuße.
Vermehrung: Teilung, Aussaat im Frühling.
Hinweis: Versamt sich an zusagenden Plätzen.

Carex morrowii 'Variegata'
Gestreifte Japan-Segge
Cyperaceae, Zyperngrasgewächse

Heimat: Züchtung.
Wuchsform: Horstig, bogig überhängend.
Blatt: Schmal, grün-weiß gestreift, immergrün.
Blüte: Gelbe Ähren, IV–V.
Fruchtstand/Frucht: Ähre, Karyopse hellbraun.
Standort: Saure Böden im Halbschatten, unter Gehölzen.
Lebensbereiche: <u>G,2,hs</u>: Gehölz, frisch, halbschattig, auch <u>Gehölzrand</u>.
Verwendung: Auch in größerer Anzahl unter und vor Gehölzen.
Vermehrung: Teilung im Frühling.
Weiter Art: *C. hachijoensis* 'Evergold', gelb-weiß-grün gestreifte Blätter.

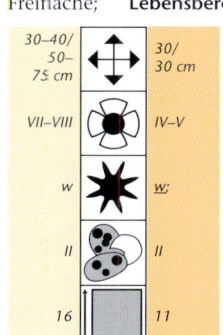

30–40/ 50– 75 cm	30/ 30 cm
VII–VIII	IV–V
w	<u>w</u>;
II	II
16	11

Carlina acaulis subsp. **simplex**
Hohe Silberdistel
Asteraceae, Asterngewächse

Heimat: Europa.
Wuchsform: Horstig, aufrechter Blütenstand aus einer Blattrosette entspringend.
Blatt: Fiederspaltig, bedornt.
Blüte: Blütenkopf braun, 12 cm groß, mit silbrigen Hüllblättern, die sich bei Regen schließen, bei Sonne wieder weit öffnen, VII–IX.
Fruchtstand: Blütenkorb, Samen mit Pappus.
Standort: Kalkreiche Magerwiesen auf durchlässigen Böden, vollsonnig.
Lebensbereiche: <u>SH,1–2,so</u>: Steppenheide; trocken bis frisch; sonnig; auch <u>Felssteppe</u> und <u>Steinanlagen</u>.
Verwendung: Schnittpflanze, Trockenblume, Steingärten.
Vermehrung: Aussaat im Vorfrühling.
Sorte: 'Bronce', bronzefarbene Blattrosetten.
Hinweis: Geschützte Wildpflanze.

Centranthus ruber
Spornblume
Valerianaceae, Baldriangewächse

Heimat: Mittelmeergebiet, S-Deutschland.
Wuchsform: Aufrecht, horstig.
Blatt: Breit eiförmig, gegenständig angeordnet, blaugrün.
Blüte: Langspornig, end- und achselständig in Trugdolden, dunkelrosarot V–X.
Fruchtstand: Trugdolde; Samen mit fallschirmartigem Pappus.
Standort: Trockene, warme Plätze, in alten Gemäuern und Kalkfelsen, sonnig.
Lebensbereiche: <u>FS,1,so</u>: Felssteppe; trocken, sonnig; auch <u>Steinfugen</u>, <u>Freiflächen</u>.
Verwendung: Für Beete, Mauerkronen, Kiesflächen. Schnittpflanze. Heilpflanze.
Vermehrung: Aussaat im Frühling, sät sich reichlich selbst aus.
Sorte: 'Albiflorus', w, weiß, 'Coccineus', <u>w</u>, rot (Bild).
Hinweis: Verblühtes laufend entfernen. Sehr anspruchslos, aber wärmeliebend.

20/30–40 cm	⬌	40/60–70 cm
VII–IX	✿	V–X
w	✦	w
I	🐞	II
6	⬛	11

Ceratophyllum demersum
Raues Hornblatt
Ceratophyllaceae, Hornblatt-
gewächse

 ## Ceratostigma plumbaginoides
Bleiwurz
Plumbaginaceae, Bleiwurzge-
wächse

Heimat: Weltweite Verbreitung, Kosmopolit.
Wuchsform: Flach, liegend, schwimmende Triebe im Wasser bilden kaum Wurzeln. Wassertiefe: –30 bis –60 cm bis –200 cm Tiefe.
Blatt: Blattquirle hornartig, bis zu 2 cm lang, doppelt gegabelt.
Blüte: Unscheinbar, grünlich, werden unter Wasser bestäubt, VI–IX.
Fruchtstand/Frucht: Unscheinbar.
Standort: Stehende oder schwach fließende Gewässer. Warme, nährstoffreiche Standorte.
Lebensbereiche: W,8,so–hs: Wasser, freischwimmend, sonnig bis halbschattig.
Verwendung: Auch für kleine Teiche und Wasserbecken als Sauerstofflieferant.
Vermehrung: Teilung der Sprosse ganzjährig möglich.

Heimat: China.
Wuchsform: Buschig, Wurzelausläufer bildend.
Blatt: Verkehrt-eiförmig, glatt, grün, im Herbst braunrot.
Blüte: 5-teilige Sternblüten, azurblau, VIII–X.
Fruchtstand/Frucht: Nussfrucht.
Standort: Warme, sonnige Lagen in Steingärten. Kalkhaltige, gut dränierte Böden.
Lebensbereiche: FS,1,so: Felssteppe; trocken, sonnig; auch für Freiflächen.
Verwendung: Bodendecker mit später Blüte und Herbstfärbung.
Vermehrung: Teilung im Frühling.

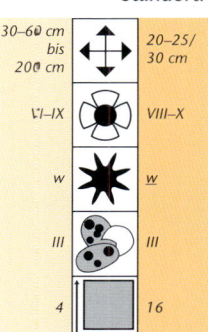

30–60 cm bis 200 cm	20–25/ 30 cm
VI–IX	VIII–X
w	w
III	III
4	16

 ## Chiastophyllum oppositifolium
Goldtröpfchen
Crassulaceae, Dickblattgewächse

Heimat: W-Kaukasus.
Wuchsform: Blattrosetten, überhängende Blütentriebe, kriechend.
Blatt: Rundlich, fleischig, am Rand gekerbt.
Blüte: Nickende Blütenrispen, goldgelb, VI–VII.
Frucht: Kleine Kapsel mit sehr feinen Samen.
Standort: Absonnige Plätze im Steingarten.
Lebensbereiche: <u>SF,2,abs:</u> Seinfugen; frisch; absonnig, auch <u>Matten</u> und <u>Mauerkronen.</u>
Verwendung: Bodendecker für kalkarme Standorte, Grabstätten und kleinere Flächen.
Vermehrung: Teilung und Aussaat im Vorfrühling.

Cimicifuga ramosa
September-Silberkerze
Ranunculaceae, Hahnenfußgewächse

Heimat: Kamtschatka.
Wuchsform: Horstig, straff aufrecht, Blütenkerzen aufrecht.
Blatt: 3-teilig gefiedert, kurz gestielt, grob gesägt.
Blüte: Blütentrauben bis 40 cm lang, weiß, IX–X.
Frucht: Kleine Balgfrucht, unauffällig.
Standort: Schattige Partien in sauren, humosen Böden.
Lebensbereiche: <u>GR,2,abs–hs:</u> Gehölz; frisch, absonnig bis halbschattig.
Verwendung: Solitärstaude für kalkarme Böden im Schattenbereich.
Vermehrung: Teilung im Vorfrühling und Aussaat nach der Samenreife.
Hinweis: Dezenter Fruchtschmuck, erzielt bei Raureif seine Wirkung.

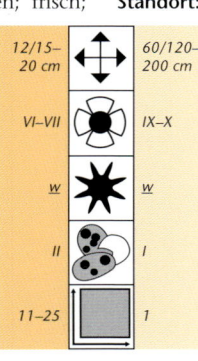

12/15–20 cm	60/120–200 cm
VI–VII	IX–X
w	w
II	I
11–25	1

 Colchicum autumnale
Herbst-Zeitlose
Colchicaceae, Zeitlosengewächse

Heimat: Europa.

Wuchsform: Aufrecht, horstbildende Zwiebelpflanze.

Blatt: Zungenförmig, erscheint im Frühling, glänzendgrün.

Blüte: Trichterförmig, violettrosa erscheint im Herbst, X.

Frucht: 3-teilige Kapsel im Frühling, 3–4 cm, erst grün, dann braun.

Standort: Nährstoffreiche Auwiesen, Sonne.

Lebensbereiche: Fr,2–3,so: Freifläche, frisch bis feucht, sonnig; auch Gehölzrand.

Verwendung: In kleinen Gruppen in tiefgründigen Böden, die Gartensorten auf Beeten und Steingärten.

Vermehrung: Teilung alter Horste im Sommer, Aussaat sofort nach der Ernte.

Sorte: 'Lilac Wonder', fliederfarben; 'Water Lily', rosa gefüllt (Bild).

Hinweis: Giftige Pflanze.

 Convallaria majalis
Maiglöckchen
Convallariaceae, Maiglöckchengewächse

Heimat: Europa, Kaukasus, W-Asien.

Wuchsform: Aufrecht, locker, Rhizome bildend.

Blatt: Breit-lanzettlich, bis 15 cm lang, im Spätsommer gelbbraun, zieht ein.

Blüte: Nickende Glöckchen an aufrechten Trauben, 1 cm groß, weiß, V.

Frucht: Rote Beeren erscheinen selten, besonders giftig.

Standort: Kalkbuchenwälder im Halbschatten, bevorzugt Lehmböden.

Lebensbereiche: G,2,hs: Gehölz; frisch; halbschattig; auch Gehölzrand.

Verwendung: Als Flächendecker unter Gehölzen aller Art, verdrängende Wirkung.

Vermehrung: Teilung der Rhizome im Sommer.

Sorte: 'Grandiflora', w, größere Blüten. Schnittpflanze.

Hinweis: Giftige Pflanze.

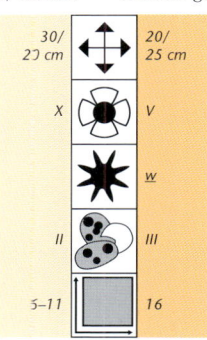

30/ 20 cm	20/ 25 cm
X	V
	w
II	III
5–11	16

Coreopsis grandiflora
Großblütiges Mädchenauge
Asteraceae, Asterngewächse

Heimat: USA.

Wuchsform: Locker aufrecht, horstbildend.

Blatt: Frischgrün, lanzettlich, fiederschnittig, bis 15 cm lang.

Blüte: Goldgelbe Körbchenblüten einzeln an langen Stielen, bis 10 cm groß, VII–X.

Fruchtstand/Frucht: Geflügelte Samen im Körbchen.

Standort: Humose, nährstoffreiche Böden in voller Sonne.

Lebensbereiche: B,2,so: Beet; frisch; sonnig.

Verwendung: Wichtige, langblühende Beetstauden. Schnittpflanze.

Vermehrung: Teilung nach der Blüte, Aussaat im Frühling.

Sorte: 'Badengold', *, goldgelb, 80 cm (steril); 'Early Sunrise', goldgelb gefüllt, 60 cm (Bild); 'Tetragold', goldgelb, großblütig, 80 cm.

Hinweis: Rückschnitt im Herbst beugt der Auswinterung vor.

Coreopsis verticillata
Netzblattstern, Mädchenauge
Asteraceae, Asterngewächse

Heimat: USA.

Wuchsform: Dichtbuschig, bildet dünne, gelbe Rhizome.

Blatt: Nadelartig wirkend, hellgrün.

Blüte: Körbchenblüten, 4–5 cm breit, leuchtend gelb, VI–IX.

Fruchtstand: Körbchen mit flachen Samen.

Standort: Durchlässige Böden in voller Sonne.

Lebensbereiche: Fr,2,so, –b: Freifläche; frisch; sonnig; beetstaudenähnlich.

Verwendung: Für Beete und Rabatten, auch in Wildstaudenpflanzungen.

Vermehrung: Teilung im Frühling.

Sorte: 'Grandiflora', **; goldgelb, 60–80 cm; 'Moonbeam', ***, 40 cm, zitronengelb; 'Zagreb', **, gelb, 30 cm (Bild).

Hinweis: Gelegentliche Teilung fördert den Wuchs.

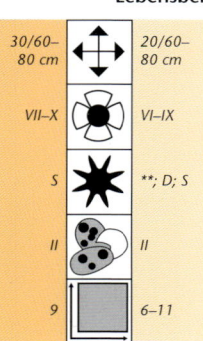

30/60–80 cm		20/60–80 cm
VII–X		VI–IX
S		**; D; S
II		II
9		6–11

 **Cortaderia selloana**
Pampasgras
Poaceae, Süßgräser

Heimat: Argentinien.
Wuchsform: Aufrecht, Blätter überhängend, horstbildend.
Blatt: Schmal, mattgrün, 1 m lang, an den Rändern scharf gezähnt. In milden Wintern immergrün! Rückschnitt im April.
Blüte: Fedrige Rispe, zweihäusig, silbrige Wedel bis 60 cm lang, IX.
Fruchtstand: Weibliche Wedel sind schöner und haltbarer, Samen winzig.
Standort: Vollsonnig in warmen Lagen, nährstoffreich.
Lebensbereiche: FR,2,so,–b: Freifläche; frisch; sonnig; beetstaudenähnlich.
Verwendung: Einzeln im großen Garten, Parks. Schnittpflanze. Trockenbinderei.
Vermehrung: Teilung im April.
Sorte: 'Pumila', Li, 100 cm; 'Sunningdale Silver', **, 200 cm.
Hinweis: Im Spätherbst Blattschöpfe einbinden, Laubdecke 20 cm hoch.

Corydalis cava
Hohler Lerchensporn
Fumariaceae, Erdrauchgewächse

Heimat: Europa.
Wuchsform: Dichtbuschige Knollenpflanze. Zieht nach der Blüte ein. Knolle hohl.
Blatt: Doppelt 3-teilig, bläulich grün.
Blüte: Blütentrauben mit gespornten Blüten, rosa oder weiß, III–IV.
Frucht: Schwarze Samen, werden von Ameisen verbreitet.
Standort: Waldränder von humusreichen Kalkbuchenwäldern.
Lebensbereiche: G,2,hs: Gehölz; frisch; halbschattig; auch Gehölzrand.
Verwendung: Unterwuchs unter Gehölzen aller Art. Guter Partner für spät austreibende Stauden, z.B. Japanische Herbst-Anemone. Heilpflanze.
Vermehrung: Aussaat V–VI.
Hinweis: Giftige Pflanze. An geeigneten Standorten, starke Verbreitung durch Selbstaussaat.

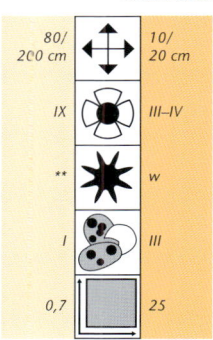

80/ 200 cm	10/ 20 cm
IX	III–IV
**	w
I	III
0,7	25

Cotula squalida
Laugenblume, Fiederpolster
Asteraceae, Asterngewächse

Heimat: Neuseeland.
Wuchsform: Teppichbildend durch oberirdische Ausläufer.
Blatt: Tief fiederschnittig, wollig behaart, 3–4 cm lang, bräunlichgrün.
Blüte: Gelbgrüne, gestielte Köpfchen, VII–VIII.
Fruchtstand: Köpfchen mit feinen Samen.
Standort: Feuchte Flächen von der Küste bis 1300 m Höhe.
Lebensbereiche: <u>M,2,so–hs:</u> Matten; frisch; sonnig bis halbschattig; auch <u>Felssteppe</u>.
Verwendung: Als dichter Bodendecker für humose, auch saure Böden, Steingarten und Grabstätten. Als Moosersatz zwischen Trittplatten.
Vermehrung: Teilung, ganzjährig.
Hinweis: Bei längerer Trockenheit wässern.

Crocus chrysanthus
Balkan-Krokus
Iridaceae, Schwertliliengewächse

Heimat: SO-Europa, Kleinasien.
Wuchsform: Aufrecht, horstige Knollenpflanze.
Blatt: Grasartig, linealisch; erscheint nach der Blüte.
Blüte: Hellorange-gelb, rundliche Trichterblüten, III.
Frucht: Häutige Kapsel mit hellbraunen Samen.
Standort: Bergwiesen in sonniger Lage.
Lebensbereiche: <u>Fr,1–2,so:</u> Freifläche; trocken bis frisch; sonnig; auch <u>Steinanlagen</u>.
Verwendung: In Gruppen zwischen niederen Vorfrühlingsstauden. Bienenweide.
Vermehrung: Durch Brutknöllchen oder Aussaat.
Sorte: 'Blue Peter', dunkelblau, 'Eyecatcher', violett mit weiß; 'Sunkist', buttergelb. Alle Sorten mit gelbem Schlundfleck. 'Saturnus' gelb, braune Streifen.

3/5 cm	12/10 cm
VII–VIII	III
<u>w</u>	D
III	II
11–25	10–100

Crocus speciosus

Herbst-Pracht-Krokus
Iridaceae, Schwertliliengewächse

Heimat: Kaukasus, Kleinasien, Krim, Iran.
Wuchsform: Aufrecht, horstige Knollen-pflanze.
Blatt: Grasartig, linealisch; erscheint nach der Blüte im Herbst, zieht erst im Mai ein.
Blüte: Trichterblüte, blau orangerote Narben IX–X.
Frucht: Häutige Kapsel mit hellbraunen Samen.
Standort: Bergwiesen in sonnigen Lagen.
Lebensbereiche: Fr,1–2,so: Frei-fläche; trocken bis frisch; son-nig; auch Steinanlagen.
Verwendung: In Gruppen zwi-schen niederen Stauden.
Vermehrung: Durch Brutknöll-chen oder Aussaat nach der Sa-menreife im Frühling.
Sorte: 'Albus', weiß; 'Oxonian', violettblau.
Hinweis: Lässt sich gut in Töpfen treiben.

Cyclamen coum

Frühlings-Alpenveilchen
Primulaceae, Primelgewächse

Heimat: SO-Europa, Kleinasien bis Israel.
Wuchsform: Ausgebreitet, aus abgeflachter Knolle entwickeln sich Blätter und Blüten.
Blatt: Nierenförmig, 5 cm breit, dunkelgrün.
Blüte: Meist 1-blütig, hell-dunkelrosa, auch weiß, 2 cm groß, mit roten Flecken am Grund, II–IV, auch schon ab XII.
Frucht: Kugelig, 1 cm groß, enthält große Samen.
Standort: Humose Böden unter Gehölzen im Halbschatten.
Lebensbereiche: G,1–2,hs: Ge-hölz; trocken bis frisch; halb-schattig; Gehölzrand und Stein-anlagen.
Verwendung: Einzeln oder in kleinen Gruppen unter Vorfrüh-lingssträuchern.
Vermehrung: Aussaat sofort nach der Ernte.
Sorte: 'Album', weiß.
Hinweis: Geschützte Wildpflanze. Nur Pflanzen gärtnerischer Her-kunft dürfen gehandelt werden.

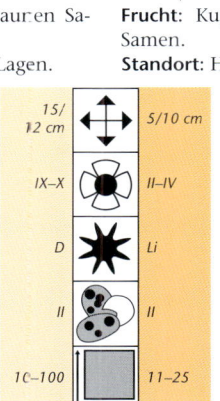

15/12 cm	5/10 cm
IX–X	II–IV
D	Li
II	II
10–100	11–25

Cypripedium calceolus
Frauenschuh
Orchidaceae, Orchideengewächse

Heimat: Mittel- und O-Europa, Kaukasus, Sibirien.

Wuchsform: Aufrecht, horstbildend, Rhizomartige Wurzel.

Blatt: Elliptisch, längsgestreift, Triebe 3- bis 5-blättrig.

Blüte: 1- bis 2-blütig, pantoffelförmig, rotbraun mit gelbem Schuh. V–VI.

Frucht: Längliche Kapsel mit staubfeinen Samen (ohne Nährgewebe).

Standort: Kalkbuchenwälder, halbschattige Plätze in humosen Böden.

Lebensbereiche: G,2,hs: Gehölz; frisch; halbschattig.

Verwendung: Für Natur- und Steingärten an bevorzugter Lage.

Vermehrung: Teilung im Frühling. Aussaat in Speziallabors.

Hinweis: Geschützte Wildpflanze. Nur Pflanzen gärtnerischer Herkunft dürfen gehandelt werden.

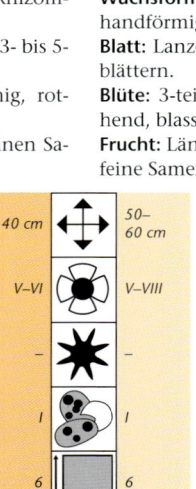

40 cm		50–60 cm
V–VI		V–VIII
–		–
I		I
6		6

Dactylorhiza maculata
Geflecktes Knabenkraut, Fingerwurz
Orchidaceae, Orchideengewächse

Heimat: Europa, Mittelmeergebiet.

Wuchsform: Aufrecht, horstbildend. Knollen handförmig geteilt.

Blatt: Lanzettlich, grün, Blütenstiel mit Tragblättern.

Blüte: 3-teilig, in langer Ähre zusammenstehend, blassviolett bis weiß, V–VIII.

Frucht: Längliche Kapsel, enthält viele, staubfeine Samen.

Standort: Saure Böden in sonniger Lage, feuchte Moorwiesen.

Lebensbereiche: Fr,2–3,so: Freifläche; frisch bis feucht; sonnig.

Verwendung: In humusreichen Natur- und Steingärten.

Vermehrung: Teilung bei alten Horsten im Frühling, Aussaat in Speziallabors.

Hinweis: Geschützte Wildpflanze. Nur Pflanzen gärtnerischer Herkunft dürfen gehandelt werden.

Darmera peltata
(Syn.: Peltiphyllum peltatum)
Schildblatt
Saxifragaceae, Steinbrech-
gewächse

Heimat: USA.
Wuchsform: Aufrecht, Verbreitung durch dicke Rhizome.
Blatt: Langstielig, schildförmig, 30–60 cm Durchmesser, im Herbst rot.
Blüte: In vielblumiger Trugdolde, rosa, vor den Blättern, IV–V. Vor Spätfrösten schützen.
Frucht: Zweispaltige Kapsel, viele feine Samen.
Standort: An Bachrändern oft ganze Flächen bedeckend. Nährstoffreiche Böden.
Lebensbereiche: <u>WR,4–5,so–hs:</u> Wasserrand; sumpfig bis flaches Wasser, sonnig-halbschattig; auch <u>Freifläche</u>.
Verwendung: An feuchten Teichrändern, einzeln oder in Gruppen.
Vermehrung: Teilung der Rhizome im Vorfrühling.

Delphinium-Belladonna-Gruppe
Garten-Rittersporn
Ranunculaceae, Hahnenfuß-
gewächse

Heimat: Züchtung.
Wuchsform: Aufrecht, horstbildend, Stängel beblättert und verzweigt.
Blatt: 3-zählig bis handförmig, tief eingeschnitten, frischgrün.
Blüte: Verzweigte Rispe. Je nach Sorte hell- bis dunkelblau, VI–VII und IX.
Frucht: Balgfrucht.
Standort: Staudenbeete, Rabatten, sonnige Böden.
Lebensbereiche: <u>B,2,so:</u> Beet; frisch, sonnig; auch <u>Freifläche</u>.
Verwendung: Einzeln oder in kleinen Gruppen auf Beeten.
Vermehrung: Teilung des Wurzelstocks im Vorfrühling, Stecklinge im April, mit Wurzelansatz.
Sorte: 'Atlantis', 130 cm, violett mit weiß; 'Vökerfrieden', ***, 100 cm, azurblau (Bild).
Hinweis: standfest.

100/50–60 cm	50/120 cm
IV–V	VI–VII
w	S
I	I
1–3	2

 ## Delphinium-Elatum-Gruppe
Garten-Rittersporn
Ranunculaceae, Hahnenfuß-
gewächse

Heimat: Züchtung.
Wuchsform: Aufrecht, horstbildend, Stängel beblättert, unverzweigt.
Blatt: 3-zählig bis handförmig, tief eingeschnitten, frischgrün.
Blüte: Je nach Sorte hell- bis dunkelblau, violett, weiß, VI–VII und IX.
Frucht: Balgfrucht.
Standort: Staudenbeete, Rabatten in voller Sonne in kräftigen Böden.
Lebensbereiche: <u>B,2,so</u>: Beet; frisch, sonnig.
Verwendung: Einzeln oder in kleinen Gruppen auf Beeten. Schnittpflanze.
Vermehrung: Teilung des Wurzelstocks im Vorfrühling; Stecklinge mit Wurzelansatz, IV.
Sorte: 'Azurriese', 170 cm, azurblau; 'Berghimmel', *, 180 cm (Bild), hellblau; 'Sommernachtstraum', ***, 130 cm, dunkelblau.
Hinweis: Mehltauanfällig.

Dendranthema × grandiflorum
(Syn.: Chrysanthemum indicum)
Garten-Chrysantheme
Asteraceae, Asterngewächse

Heimat: Züchtung.
Wuchsform: Aufrecht, horstig, dichtbuschig. Stängel beblättert und verzweigt.
Blatt: Eiförmig, gelappt, mattgrün.
Blüte: Körbchen, einfach oder gefüllt. Je nach Sorte weiß, gelb, orange, rot, IX–X.
Fruchtstand: Körbchen, Samen klein.
Standort: Nährstoffreiche Böden in voller Sonne.
Lebensbereiche: <u>B,2,so</u>: Beet; frisch; sonnig.
Verwendung: Spätblühende Beetstaude. Schnittpflanze.
Vermehrung: Kopfstecklinge nach der Blüte; Teilung im Vorfrühling.
Sorte: Unzählige Sorten in vielen Farben und Füllungsgraden. 'Clara Curtis', **, rosa.
Hinweis: Einige Sorten sind bedingt winterhart. Auf Spinnmilben und Minierfliegen achten.

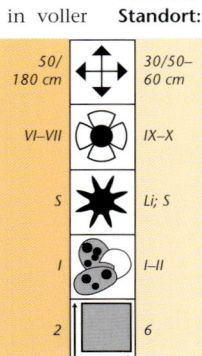

50/180 cm		30/50–60 cm
VI–VII		IX–X
S		Li; S
I		I–II
2		6

Dendranthema weyrichii
(Syn.: Chrysanthemum weyrichii)
Chrysantheme
Asteraceae, Asterngewächse

Heimat: Japan, Kamtschatka.
Wuchsform: Aufrecht, horstig, dichtbuschig. Stängel beblättert und verzweigt.
Blatt: Eiförmig, mehrfach gezähnt, mattgrün.
Blüte: Rosa, VI–VII.
Fruchtstand: Körbchen, Samen klein.
Standort: Nährstoffreiche Böden in voller Sonne.
Lebensbereiche: Fr,1–2,so: Freifläche; trocken bis frisch; sonnig; auch Steinanlagen.
Verwendung: Für Steingärten als Sommerblüher, in kleinen Gruppen. Schnittpflanze.
Vermehrung: Kopfstecklinge nach der Blüte, Teilung im Vorfrühling.

Deschampsia cespitosa
Rasen-Schmiele
Poaceae, Süßgräser

Heimat: Asien, Europa, N-Amerika.
Wuchsform: Zierlich, horstig, aufrecht, bogig überhängend.
Blatt: Schmal-linealisch, wintergrün, im Herbst gelblich.
Blüte: Zierliche Rispe, etagenförmig, VI–VII.
Fruchtstand/Frucht: Rispe. Karyopse, winzige Grassamen.
Standort: Waldlichtungen und feuchte, kalkarme Plätze.

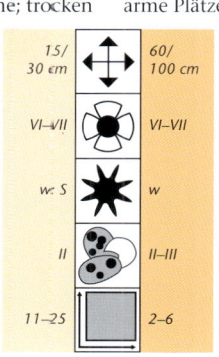

15/ 30 cm	⬍⬌	60/ 100 cm
VI–VII	●	VI–VII
w. S	✸	w
II	🫘	II–III
11–25	▢	2–6

Lebensbereiche: GR,2–3,so–abs: Gehölzrand; frisch bis feucht; sonnig bis halbschattig; auch für Freiflächen.
Verwendung: Vor und zu Gehölzen, einzeln oder in Gruppen in niederen Wildstaudenpflanzungen. Trockensträuße.
Vermehrung: Teilung im Vorfrühling.
Sorte: 'Bronzeschleier', w, goldbraun; 'Tauträger', w, lockere Rispen.
Hinweis: Auf Rostpilze achten.

Dianthus deltoides
Heide-Nelke
Caryophyllaceae, Nelkengewächse

Heimat: Asien, Europa.
Wuchsform: Lockerrasig, kriechend, Blütenstiele aufrecht.
Blatt: Lanzettlich, gegenständig, bis 2 cm lang, mattgrün.
Blüte: Einfach, dunkelrosa, Stiele 1-blütig, VI–VIII.
Frucht: Kelchförmige Kapsel.
Standort: Magere, saure Heideflächen in voller Sonne.
Lebensbereiche: <u>H,1,so</u>: Heide; trocken; sonnig; auch <u>Gehölzrand</u>.
Verwendung: In kleinen Gruppen oder Flächen für saure Böden. Dachbegrünung.
Vermehrung: Aussaat im Frühling.
Sorte: 'Albus', weiß, Li; 'Brillant', rot, Li; 'Leuchtfunk', rot, braunlaubig.
Hinweis: Reich blühende Staude.

Dianthus gratianopolitanus
Pfingst-Nelke
Caryophyllaceae, Nelkengewächse

Heimat: Europa, östlich bis zur Ukraine.
Wuchsform: Polsterbildend.
Blatt: Lineal-lanzettlich, graugrün, immergrün.
Blüte: Einfach, 1-blütig, rosa, V–VI.
Frucht: Kelchförmige Kapsel.
Standort: Felsen und Felssteppen in sonniger Lage.
Lebensbereiche: <u>FS,1–2,so</u>: Felssteppe; trocken bis frisch; sonnig; auch <u>Steinanlagen</u>.
Verwendung: Auf und in Trockenmauern, Steingärten, in voller Sonne. Extensive Dachbegrünung. Duftpflanze.
Vermehrung: Teilung und Aussaat im Frühling.
Sorte: 'Blaureif', zartrosa, Polster stahlblau; 'Glut', glutrot.
Hinweis: Oft dichte Polster bildend.

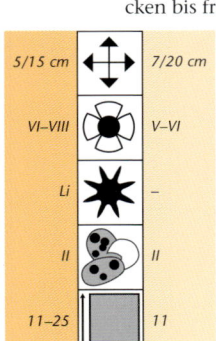

5/15 cm	7/20 cm
VI–VIII	V–VI
Li	–
II	II
11–25	11

Dianthus plumarius
Feder-Nelke
Caryophyllaceae, Nelkengewächse

Heimat: Östliches Mitteleuropa.
Wuchsform: Niederliegend bis aufrecht, dichtrasiges Polster.
Blatt: Linealisch-lanzettlich, bis 5 cm lang, blaugrün.
Blüte: Radiär einfach oder gefüllt, federig zerschlitzt, stark duftend, weiß, VI–VII.
Frucht: Kelchförmige Kapsel.
Standort: Durchlässige Gartenböden, alkalisch.
Lebensbereiche: <u>FS,2,so</u>: Felssteppe, frisch, sonnig; auch <u>Steinanlagen</u>.
Verwendung: Einfassungen, Steingärten, Schnittpflanze.
Vermehrung: Teilung der Polster im Frühling.
Sorte: 'Heidi', *, dunkelrot, gefüllt (Bild); 'Maischnee', *, weiß gefüllt. Sorten in vielen Farben und Formen.

Dicentra formosa
Zwerg-Herzblume
Fumariaceae, Erdrauchgewächse

Heimat: Westliche USA.
Wuchsform: Dichtbuschig, weit kriechende Rhizome.
Blatt: 3-teilig zusammengesetzt, hellgrün, unterseits bläulich.
Blüte: Herzförmig, violettrosa, VI–XIII.
Frucht: Unscheinbar.
Standort: Humus- und nährstoffreiche Böden im Halbschatten.
Lebensbereiche: <u>GR,2,so–hs</u>: Gehölzrand; frisch; sonnig bis halbschattig. Auch <u>Steinfugen</u> und <u>Steinanlagen</u>.
Verwendung: Vor und unter säureliebenden Gehölzen.
Vermehrung: Teilung im Vorfrühling.
Sorte: 'Bountiful', Li, rosarot; 'Langtrees', w, weiß; 'Luxuriant', <u>w</u>, rot.
Hinweis: Attraktiv in Verbindung mit Farnen.

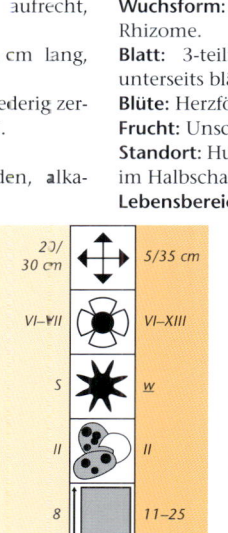

20/30 cm	5/35 cm
VI–VII	VI–XIII
S	w
II	II
8	11–25

Dicentra spectabilis
Herzblume, Tränendes Herz
Fumariaceae, Erdrauchgewächse

Heimat: China, Korea, Mandschurei.
Wuchsform: Horstig, bogig überhängend, fleischige, brüchige Wurzeln.
Blatt: Doppelt 3-teilig zusammengesetzt, graugrün.
Blüte: Herzförmig, an waagerechten Trauben, 3 cm groß, hellrosa, IV–V.
Frucht: Unscheinbar. Bildet keine Samen aus.
Standort: Humusreiche Böden im Halbschatten.
Lebensbereiche: <u>GR,2,so–hs,–b:</u> Gehölzrand; frisch; sonnig bis halbschattig, beetstaudenähnlich; auch für <u>Beete.</u>
Verwendung: Vor und unter säureliebenden Gehölzen. In Verbindung mit Farnen und Frühlingsstauden.
Vermehrung: Teilung im Vorfrühling.
Sorte: 'Alba', **, weiß.

Dictamnus albus
Diptam, Brennender Busch
Rutaceae, Rautengewächse

Heimat: S- und Mitteleuropa, bis O-Asien.
Wuchsform: Dichtbuschig, horstig.
Blatt: Gefiedert, dunkelgrün.
Blüte: In endständigen Trauben, rosa, VI–VII.
Frucht: 5-teilige Kapsel; große, schwarze Samen werden bei Reife weit herausgeschleudert. Samen vorher ernten!
Standort: Felsige Hänge von Kalkbuchenwäldern, wärmeliebend.
Lebensbereiche: <u>SH,1,so:</u> Steppenheide; trocken; sonnig; <u>Gehölzrand</u> und <u>Felssteppe.</u>
Verwendung: Einzeln oder in kleinen Gruppen in Wildstaudenpflanzungen.
Vermehrung: Aussaat sofort nach der Reife (Lichtkeimer).
Sorte: 'Albiflorus', weiß.
Besonderes: Pflanze enthält ätherische Öle, die entzündbar sind.
Hinweis: Geschützte Wildpflanze.

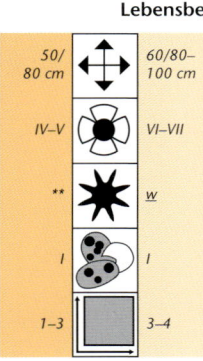

50/80 cm	60/80–100 cm
IV–V	VI–VII
**	<u>w</u>
I	I
1–3	3–4

 Digitalis ferruginea
Rostfarbiger Fingerhut
Scrophulariaceae, Braunwurzgewächse

Heimat: S-Europa bis Kleinasien.
Wuchsform: Straff aufrecht, horstig.
Blatt: Lineal-lanzettlich, dunkelgrün, wintergrün.
Blüte: Gelbe, braun geaderte Rachenblüten in endständiger Traube, VII–VIII.
Frucht: Kapsel.
Standort: Durchlässige, warme Böden, schwach sauer bis neutral.
Lebensbereiche: GR,1–2,so–hs: Gehölzrand; trocken bis frisch; sonnig bis halbschattig.
Verwendung: Sonnige Plätze in Wildstaudenpflanzungen vor und zu Gehölzen.
Vermehrung: Aussaat im Vorfrühling.
Sorte: 'Gigantea', großblumiger als die Art.
Weitere Art: *Digitalis purpurea*, Roter Fingerhut, große, rote Blüten; für saure Böden im Halbschatten. Heilpflanze.

Doronicum orientale
Gemswurz
Asteraceae, Asterngewächse

Heimat: SO-Europa bis zum Kaukasus.
Wuchsform: Aufrecht, lockerhorstig.
Blatt: Herzförmig, am Rand gekerbt, hellgrün.
Blüte: Meist 1-blütiges Körbchen, leuchtend gelb, IV–V.
Fruchtstand/Frucht: Körbchen, Samen mit Pappus.
Standort: Durchlässige, humose Böden in sonnigen Lagen.
Lebensbereiche: GR,2,so–hs: Gehölzrand; frisch; sonnig bis halbschattig.
Verwendung: In Wildstaudenpflanzungen und zum Schnitt.
Vermehrung: Teilung nach der Blüte.
Sorte: 'Magnificum', *, goldgelb; 'Riedels Goldkranz', *, goldgelb. Gefüllte Sorten bekannt: z.B. 'Gerhard', hellgelb.
Hinweis: Zu hohe Feuchtigkeit fördert Pilzbefall.

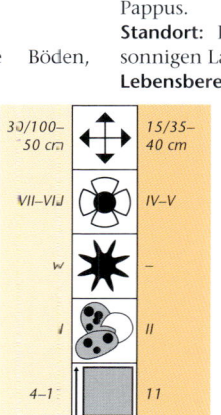

30/100–50 cm	15/35–40 cm
VII–VIII	IV–V
w	–
J	II
4–1	11

Draba bruniifolia
Olymp-Hungerblümchen
Brassicaceae, Kohlgewächse

Heimat: Griechenland, Kleinasien
Wuchsform: Polster.
Blatt: Winzig und nadelartig, moosartige Rasen bildend, grün.
Blüte: Einzelblütchen in kurz gestielten Köpfchen, goldgelb, IV.
Frucht: Flaches Schötchen.
Standort: Geröllhänge und Felsspalten in sonniger Lage.
Lebensbereiche: <u>FS,1,so</u>: Felssteppe; trocken; sonnig; auch <u>Steinfugen</u> und <u>Steinanlagen</u>.
Verwendung: Durchlässige Böden in Steingärten und Felsspalten. Bienenweide.
Vermehrung: Aussaat im Winter, Vorfrühling.
Hinweis: Beste Art für das Alpinum.

Dryas octopetala
Silberwurz
Rosaceae, Rosengewächse

Heimat: Alpine und polare Gebiete Europas, Asiens, N-Amerikas.
Wuchsform: Teppichbildner durch kriechende Sprosse.
Blatt: Oval, am Rand gekerbt, bis 4 cm lang, glänzend grün.
Blüte: Schalenförmig, meist mit 8 Kronblättern, weiß, V–VI.
Frucht: Samenschöpfe grausilbrig, Windverbreitung.
Standort: Pionierstaude kalkreicher, durchlässiger Geröllflächen, sonnig. Im Gebirge bis 2500 m ü.d.M vorkommend.
Lebensbereiche: <u>FS,2,so</u>: Felssteppe; frisch; sonnig. Auch <u>Matten</u>, <u>Mauerkronen</u>, <u>Alpinum</u>.
Verwendung: Flächendecker für magere, humusarme Flächen, Dachbegrünung.
Vermehrung: Abtrennen bewurzelter Triebe, Aussaat nach der Samenreife.

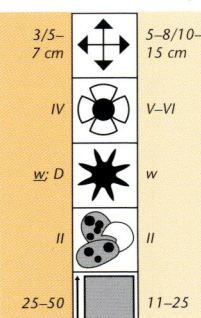

3/5–7 cm	5–8/10–15 cm
IV	V–VI
<u>w</u>; D	w
II	II
25–50	11–25

Dryopteris affinis
(Syn.: Dryopteris borreri)
Goldschuppenfarn
Dryopteridaceae, Wurmfarn-
gewächse

Heimat: Europa, Türkei.
Wuchsform: Aufrecht bis bogig, horstbildend.
Blatt: 2-fach gefiedert, im Austrieb goldgelb, wintergrün.
Standort: Lichte Bergwälder, humusreiche Plätze im Halbschatten.
Lebensbereiche: G,2–3,hs: Gehölz; frisch bis feucht; halbschattig. Auch Gehölzrand.
Verwendung: Im Schatten höherer Gehölze auf sauren, humosen Böden. In Einzelstellung zwischen Bodendeckern.
Vermehrung: Sporen keimen auf sterilem, feuchtem Torf.
Sorte: 'Cristata', Li, Königs-Goldschuppenfarn. Fiederenden gegabelt.

Dryopteris filix-mas
Wurmfarn
Dryopteridaceae, Wurmfarn-
gewächse

Heimat: Europa, Asien, Afrika, N-Amerika.
Wuchsform: Aufrecht-bogig, horstig.
Blatt: 1-fach gefiedert, dunkelgrün, im Austrieb hellgrün, gelb im Herbst.
Standort: Lichte Laubwälder, humusreiche Plätze im Halbschatten.
Lebensbereiche: G,2,so–hs: Gehölz; frisch; sonnig bis halbschattig. Auch Gehölzrand.
Verwendung: Im Schatten höherer Gehölze auf humosen Böden.
Vermehrung: Sporen keimen auf sterilem, feuchtem Torf.
Sorte: 'Crispa', Krauser Wurmfarn. Fiederenden kraus, 40–50 cm hoch.
Besonderes: Wurde früher wegen seiner Giftwirkung gegen Bandwürmer eingesetzt.

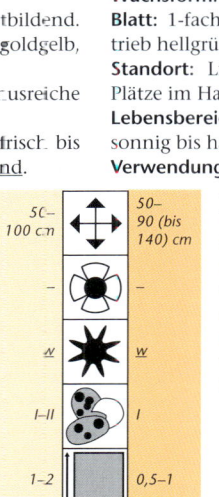

50–100 cm	50–90 (bis 140) cm
–	–
N	W
I–II	I
1–2	0,5–1

 Duchesnea indica
Scheinerdbeere
Rosaceae, Rosengewächse

Heimat: China, Indien, Japan.
Wuchsform: Flach kriechend, lange Ausläufer bildend.
Blatt: 3-teilig, Blattrand gezähnt, dunkelgrün.
Blüte: 1-blütig, leuchtend gelb, 1,5–2 cm, V–VII.
Frucht: Rote Sammelfrucht, kugelig, geschmacklos.
Standort: Schattige Wälder und Berghänge, humoser Boden.
Lebensbereiche: GR,2,so–hs: Gehölzrand; frisch; sonnig bis halbschattig.
Verwendung: Als Bodendecker für kleinere Flächen, Ampelpflanze.
Vermehrung: Abtrennen der bewurzelten Ausläufer.

Echinacea purpurea
Roter Sonnenhut
Asteraceae, Asterngewächse

Heimat: USA.
Wuchsform: Straff aufrecht, horstig.
Blatt: Verkehrt-eiförmig, Blattrand gesägt, dunkelgrün.
Blüte: Blütenköpfe einzeln, Scheibe gewölbt, Strahlenblüte weinrot, VII–IX.
Fruchtstand/Frucht: Körbchen, Samen länglich.
Standort: Lichte Wälder und Prärien.
Lebensbereiche: Fr,2,so: Freifläche; frisch; sonnig.
Verwendung: Einzeln oder in Gruppen auf sonnigen Rabatten. Schnittpflanze. Heilpflanze.
Vermehrung: Teilung im Frühling, Wurzelschnittlinge im Winter.
Sorte: 'The King', karminrot, gute Schnittsorte.

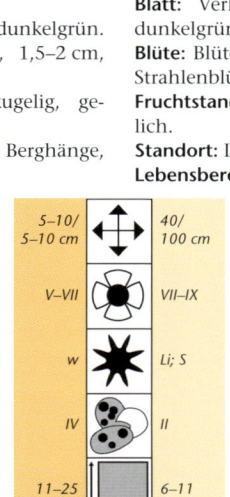

5–10/ 5–10 cm	40/ 100 cm
V–VII	VII–IX
w	Li; S
IV	II
11–25	6–11

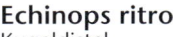

Echinops ritro
Kugeldistel
Asteraceae, Asterngewächse

Heimat: S- und O-Europa, Russland.
Wuchsform: Aufrecht, steif, horstig.
Blatt: Doppelt fiederspaltig, bedornt, grau-grün, unterseits graufilzig.
Blüte: Kugelige Blütenköpfe, 2–4 cm dick, stahlblau, VII–IX.
Fruchtstand/Frucht: Kugeliges Körbchen, Samen länglich.
Standort: Magerste Böden in voller Sonne.
Lebensbereiche: Fr, 1,so,–b: Freifläche; trocken; sonnig; beetstaudenähnlich.
Verwendung: In durchlässigen, steinigen Böden in voller Sonne. Schnittpflanze (Trockenschnitt). Trockenbinderei.
Vermehrung: Aussaat im Frühling, Wurzelschnittlinge im Winter, Teilung.
Sorte: 'Veitchs Blue', ***, leuchtend violettblau, gut zum Schnitt.
Hinweis: Sehr anspruchslos.

Epimedium grandiflorum
Großblumige Elfenblume
Berberidaceae, Sauerdorn-gewächse

Heimat: Japan, Mandschurei.
Wuchsform: Buschig, lockerhorstig.
Blatt: Doppelt 3-teilig, Blättchen eiförmig, zugespitzt, 2 cm lang, Rand gezähnt, sommergrün, im Austrieb bronzefarben.
Blüte: In einfacher Traube, 2–4 cm groß, lang gespornt, weiß, IV–V.
Frucht: Wird selten gebildet.
Standort: Humoser, durchlässiger, schwach saurer Boden im Halbschatten.
Lebensbereiche: G,2,hs: Gehölz; frisch; halbschattig. Auch Gehölzrand.
Verwendung: Wichtiger Bodendecker unter Gehölzen. Wertvoll durch reiche Blüte und dichten Wuchs
Vermehrung: Teilung im Vorfrühling; Rhizomteilung ab Herbst.
Sorte: 'Lilafee', Li, rotviolett (Bild); 'Rose Queen', Li, dunkelrosa.

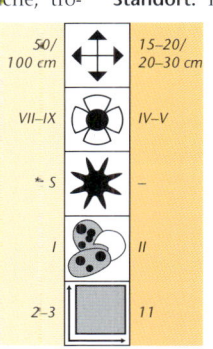

50/ 100 cm		15–20/ 20–30 cm
VII–IX		IV–V
← S		–
I		II
2–3		11

Epimedium pinnatum subsp. **colchicum**
Schwarzmeer-Elfenblume
Berberidaceae, Sauerdorn-
gewächse

Heimat: Transkaukasien, Georgien.
Wuchsform: Buschig, lockerhorstig, ausläuferbildend.
Blatt: 3- bis 5-teilig, Blättchen herz-eiförmig,
zugespitzt, 3–4 cm lang, Rand wenig gezähnt,
wintergrün, erfrieren erst ab –10° C.
Blüte: In einfacher Traube, 1,5 cm groß, ge-
spornt, gelb, IV–V.
Frucht: Wird selten gebildet.
Standort: Humoser, durchlässi-
ger, schwach saurer Boden im
Halbschatten.
Lebensbereiche: <u>G,2,hs</u>: Gehölz;
frisch; halbschattig. Auch <u>Ge-
hölzrand</u>.
Verwendung: Wichtiger Boden-
decker unter Gehölzen, Grabstätten. Wertvoll durch reiche
Blüte und dichten Wuchs.
Vermehrung: Teilung im Vor-
frühling; Rhizomteilung ab
Herbst.

Epimedium × **versicolor** 'Sulphureum'
Gelbe Elfenblume
Berberidaceae, Sauerdorn-
gewächse

Heimat: Züchtung.
Wuchsform: Buschig, lockerhorstig, ausläuferbildend.
Blatt: Doppelt 3-teilig, Blättchen eiförmig, zu-
gespitzt, 3 cm lang, Rand gezähnt, winter-
grün, im Austrieb rotfarben.
Blüte: In einfacher Traube, 2 cm groß, kurz
gespornt, hellgelb, IV–V.
Frucht: Wird selten gebildet.
Standort: Humoser, durchlässi-
ger, schwach saurer Boden im
Halbschatten.
Lebensbereiche: <u>G,2,hs</u>: Gehölz;
frisch; halbschattig. Auch <u>Ge-
hölzrand</u>.
Verwendung: Wichtiger Boden-
decker unter Gehölzen. Blattschmuck. Wertvoll durch reiche
Blüte und dichten Wuchs.
Vermehrung: Teilung im Vorfrühling; Rhizomteilung ab
Herbst.

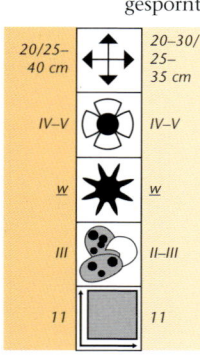

20/25–40 cm		20–30/25–35 cm
IV–V		IV–V
w		w
III		II–III
11		11

Eranthis hyemalis
Winterling
Ranunculaceae, Hahnenfuß-
gewächse

Heimat: S-Europa.
Wuchsform: Knolliger Wurzelstock Stängel mit rosettenförmiger Hochblatthülle. Zieht nach der Fruchtreife ein.
Blatt: Erst nach der Blüte erscheinende Grundblätter.
Blüte: Schalenförmig, 2–3 cm groß, viele Staubgefäße und Nektarien, intensiver Duft, goldgelb, II–III.
Frucht: Balgfrucht mit großen Samenkörnern.
Standort: Unter Bäumen, die sich erst später begrünen. Normalboden.
Lebensbereiche: G,1–2,so-hs: Gehölz; trocken bis frisch; sonnig bis halbschattig. Auch Gehölzrand.
Verwendung: In größerer Anzahl unter Laubgehölzen.
Vermehrung: Aussaat nach der Reife, häufig Verbreitung durch Selbsaussaat.

Eremurus-Shelford-Gruppe
Shelford's Steppenkerze
Asphodelaceae, Junkerlilien-
gewächse

Heimat: Züchtung.
Wuchsform: Horstig, Blütenstiel steif aufrecht. Wurzel seesternartig. Zieht nach der Blüte ein.
Blatt: Schmal-linealisch, graugrün.
Blüte: Sternförmige Einzelblüten an schmaler Blütenkerze, gelb–orange, VI–VII.
Frucht: Kugelig, 1 cm groß, enthält kantige Samen.
Standort: Nährstoffreiche, durchlässige, gut dränierte Böden in voller Sonne.
Lebensbereiche: FR,1,so,–b: Freifläche; trocken; sonnig; beetstaudenähnlich. Auch Felssteppe.
Verwendung: Einzeln oder in kleinen Gruppen, Schnittpflanze.
Vermehrung: Aussaat sofort nach der Ernte.
Sorte: 'Feuerfackel', orange.
Hinweis: Wurzeln in 3–5 cm starke Sandschicht legen.

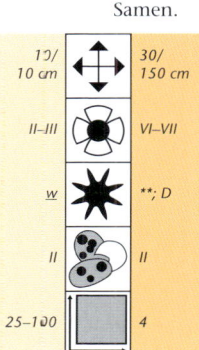

10/ 10 cm	30/ 150 cm
II–III	VI–VII
w	**; D
II	II
25–100	4

Erigeron-Sorten
Feinstrahlastern
Asteraceae, Asterngewächse

Heimat: Züchtung.
Wuchsform: Dichtbuschig, horstbildend.
Blatt: Lanzettlich, kahl, dunkelgrün, Blütenstiele beblättert.
Blüte: Köpfchen in lockeren Büscheln am Triebende, Scheibenblüten gelb, Zungenblüten weiß, rosa, rot oder blau, VI–VII.
Fruchtstand/Frucht: Körbchen, Samen mit Pappus.
Standort: Nährstoffreiche Gartenböden in voller Sonne.
Lebensbereiche: B,2,so: Beet; frisch; sonnig; auch Freifläche.
Verwendung: In kleinen Gruppen auf Beeten und Rabatten. Schnittpflanze.
Vermehrung: Teilung im Frühling.
Sorte: 'Dunkelste Aller', ***, dunkelviolett; 'Foersters Liebling', *, karminrosa (Bild); 'Sommerneuschnee', ***, weiß.
Hinweis: Auf Mehltau achten.

Eryngium alpinum
Alpen-Edeldistel
Apiaceae, Selleriegewächse

Heimat: Alpen, Jura, Jugoslawien.
Wuchsform: Buschig, horstbildend.
Blatt: Grundblätter lang gestielt, herzförmig, spitz, Stängelblätter rundlich, an der Spitze gelappt, blaugrün.
Blüte: Köpfe zylindrisch, umgeben von tief geteilten, stahlblauen Hüllblättern, VII–VIII.
Frucht: Köpfchenförmig, mit vielen Samen, zur Reife bräunlich.
Standort: Bergwiesen der Kalkalpen, selten.
Lebensbereiche: Fr,2,so: Freifläche; frisch; sonnig.
Verwendung: Einzeln oder in kleinen Gruppen in durchlässigen Böden. Schnittpflanze.
Vermehrung: Aussaat im Vorfrühling, Wurzelschnittlinge im Winter.
Sorte: 'Opal', **, silbrig-lila.
Hinweis: Vor Mäusen schützten.
Geschützte Wildpflanze.

15/70 cm	15/70 cm
VI–VII	VII–VIII
S	w; S
II	I–II
6–11	4

Eryngium bourgatii
Spanische Edeldistel
Apiaceae, Selleriegewächse

Heimat: Mittelmeergebiete, Pyrenäen, Spanien.
Wuchsform: Buschig, horstbildend.
Blatt: Stark zerteilt, weiß geadert, spitz, stängelumfassend, blaugrün.
Blüte: Köpfe zylindrisch, umgeben von tief geteilten, mattblauen Hüllblättern, VII–VIII.
Frucht: Köpfchenförmig, mit vielen Samen, zur Reife bräunlich.
Standort: Bergwiesen der Pyrenäen, nährstoffreiche Böden.
Lebensbereiche: FS,1–2,so: Felssteppe; trocken bis frisch; sonnig.
Verwendung: Einzeln oder in kleinen Gruppen in Steingärten. Schnittpflanze.
Vermehrung: Aussaat im Vorfrühling, Wurzelschnittlinge im Winter.
Hinweis: Vor Mäusen schützen.

Erythronium dens-canis
Hundszahn-Lilie
Liliaceae, Liliengewächse

Heimat: Mittel- und S-Europa, N-Asien.
Wuchsform: Aufrecht, horstige Zwiebelpflanze. Zieht nach der Blüte ein.
Blatt: Oval, nur 2 Blätter je Zwiebel, blaugrün, violett gefleckt.
Blüte: Lilienartige Blüte, zartrosa, III–IV.
Frucht: Kapsel, hellbraun.
Standort: Humose Wiesenböden in Gehölznähe.
Lebensbereiche: Gr,2,hs: Gehölzrand; frisch; halbschattig. Auch Gehölz.
Verwendung: In kleinen Gruppen unter Vorfrühlingsblühern.
Vermehrung: Aussaat nach der Samenreife und durch Brutzwiebelchen im Sommer.
Sorte: 'Niveum', weiß.
Ähnliche Art: E. tuolumnense aus Kalifornien blüht gelb, für feuchte Humusböden.
Hinweis: Die Zwiebeln sind dünnhäutig, dürfen nie austrocknen.

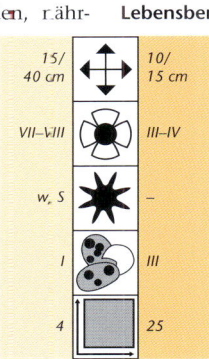

15/40 cm		10/15 cm
VII–VIII		III–IV
w, S		–
I		III
4		25

 Euphorbia myrsinites
Walzen-Wolfsmilch
Euphorbiaceae, Wolfsmilch-
gewächse

Heimat: Mittelmeergebiete, SO-Europa.
Wuchsform: Niederliegend, horstig. Rübenar-
tige Wurzel.
Blatt: Bereift, fleischig, verkehrt-eiförmig, zu-
gespitzt, blaugrün.
Blüte: Kopfiger Blütenstand am Triebende,
Hochblätter gelbgrün, VI–VII.
Frucht: Kugelig, glatt.
Standort: Trockene und sonnige Hänge, auch
im Kalkgeröll.
Lebensbereiche: FS,1–2,so: Fels-
steppe; trocken bis frisch; son-
nig. Auch Mauerkronen, Stein-
fugen, Steinanlagen.
Verwendung: Einzeln oder in
Gruppen auf warmen, durchläs-
sigen Böden im Steingarten, für
extensive Dachbegrünung.
Vermehrung: Aussaat im Früh-
ling, oft Selbstaussaat.
Hinweis: Alle Wolfsmilcharten
führen Milchsaft. Giftige
Pflanze.

Festuca cinerea
Blau-Schwingel
Poaceae, Süßgräser

Heimat: Mitteleuropa, Norditalien, Südost-
frankreich.
Wuchsform: Polsterbildendes, horstiges Gras.
Blatt: Dünn, eingerollt, steif aufrecht, matt
grau-blau, wintergrün.
Blüte: Rispe, gelbbraun, VI–VII.
Fruchtstand/Frucht: Rispe, Karyopse. Samen
länglich.
Standort: An mageren Stellen, sonnig und
trocken.

Lebensbereiche: SH,1,so: Steppenheide; trocken; sonnig. Auch
Freifläche.
Verwendung: In kleineren Gruppen in Steingärten, Heidepar-
tien, Gräber, Dachgärten. Extensive Dachbegrünung.
Vermehrung: Teilung, Aussaat
im Frühling.
Sorte: 'Blauglut', 'Frühlings-
blau'; 'Elijah Blue', besonders
blausilbrig.

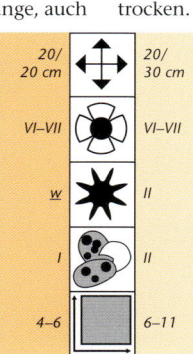

20/20 cm		20/30 cm
VI–VII		VI–VII
w		II
I		II
4–6		6–11

Festuca gautieri
(Syn.: Festuca scoparia)
Bärenfell-Schwingel
Poaceae, Süßgräser

Heimat: Pyrenäen.
Wuchsform: Polsterartig, breithorstiges Gras, nach Jahren auch flächig.
Blatt: Fein, haarförmig, mattgrün, wintergrün.
Blüte: Rispe, gelblich, VII–VIII.
Fruchtstand/Frucht: Rispe, Karyopse. Samen länglich.
Standort: Geröllhänge, an mageren Stellen, in Sonne und Halbschatten.
Lebensbereiche: <u>FS,1–2,so–abs:</u> Felssteppe; trocken bis frisch; sonnig bis absonnig. Auch <u>Steinfugen</u> und <u>Steinanlagen</u>.
Verwendung: In kleineren Gruppen in Felssteppenpflanzungen. Als Bodendecker nicht optimal, wird von innen her braun. Für Grabstätten geeignet.
Vermehrung: Teilung, Aussaat im Frühling.
Sorte: 'Pic Carlit', <u>w</u>, gedrungener als die Art.

Filipendula ulmaria
Echtes Mädesüß
Rosaceae, Rosengewächse

Heimat: Europa, Kleinasien, Nordsibirien.
Wuchsform: Aufrecht, locker.
Blatt: Gefiedert, Stängel beblättert.
Blüte: An Doldenrispen über dem Laub. klein, weißgelb, VI–VIII.
Frucht: Sammelfrucht, klein, braun.
Standort: Bach- und Teichränder, sonnig, aber feucht.
Lebensbereiche: <u>Fr,3,so:</u> Freifläche; feucht; sonnig. Auch <u>Wasserrand</u>.
Verwendung: An wassernahen Standorten großer Gärten, zum Verwildern. Heilpflanze.
Vermehrung: Teilung im Frühling.
Sorte: 'Aurea', gelbgeflecktes Laub.

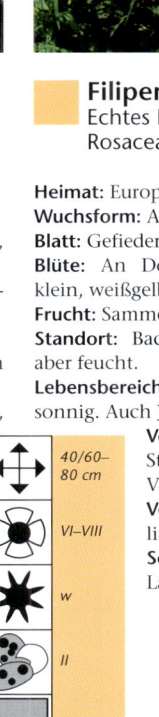

20/40 cm		40/60–80 cm
VII–VIII		VI–VIII
w		w
I–III		II
6–11		4–6

Fritillaria imperialis
Kaiserkrone
Liliaceae, Liliengewächse

Heimat: Afghanistan, Iran, Himalaja.
Wuchsform: Aufrecht, horstige Zwiebel-pflanze. Zieht nach der Samenreife ein.
Blatt: Breit-lanzettlich, Stängel beblättert, oben mit einem Blattschopf, hellgrün.
Blüte: 5–8 Stück, glockenförmig, nickend, 6 cm lang, orange, rot oder gelb, IV.
Frucht: Aufrechte Kapseln mit vielen flachen Samen.
Standort: Nährstoffreiche, durchlässige Böden in Sonne und Halbschatten.
Lebensbereiche: B,2,so: Beet; frisch; sonnig. Auch Freifläche.
Verwendung: In Gruppen in tiefgründigem Boden.
Vermehrung: Aussaat gleich nach der Ernte oder im Winter. Gefäße mit Schnee bedecken.
Sorte: 'Aurora', orange; 'Lutea Maxima', gelb; 'Rubra Maxima', rot.
Besonderes: Zwiebeln duften un-angenehm, vertreiben Wühl-mäuse.

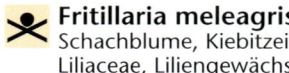

Fritillaria meleagris
Schachblume, Kiebitzei
Liliaceae, Liliengewächse

Heimat: Europa, Kaukasus.
Wuchsform: Aufrecht, horstige Zwiebel-pflanze. Zieht nach Samenreife ein.
Blatt: Lineal-lanzettlich, graugrün, Stängel beblättert.
Blüte: 1–2 hängende, große Glockenblüten, violett-braun, weiß, IV–V.
Frucht: Kapsel dreifächerig.
Standort: Feuchte Wiesen in voller Sonne.
Lebensbereiche: FR,2-3,so–abs: Freifläche; frisch bis feucht; sonnig bis ab-sonnig. Auch Wasserrand, Ge-hölzrand.
Verwendung: In Gruppen in hu-mosen, durchlässigen Böden.
Vermehrung: Aussaat nach der Samenreife.
Sorte: 'Aphrodite', reinweiß; 'Orion', matt rotviolett; 'Purple King', rotviolett.
Besonderes: Zwiebeln sind weichhäutig, dürfen nicht aus-trocknen.
Hinweis: Geschützte Wildpflanze.

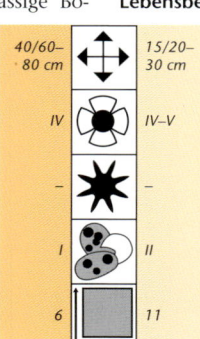

40/60–80 cm		15/20–30 cm
IV		IV–V
–		–
I		II
6		11

Gaillardia × grandiflora
Kokardenblume
Asteraceae, Asterngewächse

Heimat: Züchtung. Die Art *G. aristata* stammt aus dem westlichen N-Amerika.
Wuchsform: Dichtbuschig, horstbildend.
Blatt: Behaart, fiederspaltig, graugrün. Lange, blattlose Stiele.
Blüte: Meist zweifarbige Blütenkörbchen, gelb und rote Scheibenblüten, VI–X.
Fruchtstand/Frucht: Körbchen, Samen mit Pappus.
Standort: Sonnige Präriewiesen, nährstoffreiche Böden im Garten.
Lebensbereiche: <u>B,2,so</u>: Beet; frisch, sonnig.
Verwendung: Reich blühende, aber kurzlebige Schnittpflanze, für sonnige Beete.
Vermehrung: Aussaat im Frühling.
Sorte: 'Kobold', gelb mit rot, 30 cm (Bild); 'Burgunder', rot, 50 cm.
Hinweis: Blütenknospen im Herbst entfernen, sonst drohen Ausfälle im Winter.

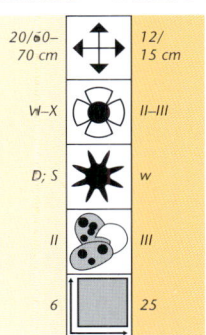

✖ Galanthus nivalis
Schneeglöckchen
Amaryllidaceae, Amaryllisgewächse

Heimat: Europa bis Südrussland.
Wuchsform: Aufrecht, bogig überhängend, horstbildende Zwiebelpflanze.
Blatt: Lineal-lanzettlich, graugrün, erscheint nach der Blüte.
Blüte: Mit 3 äußeren, bis 2,5 cm breiten Blütenblättern, weiß. Die 3 inneren Blütenblätter sind kürzer und grün gerandet, II–III.
Frucht: Grüne, später braune Beere.
Standort: Unter und vor Gehölzen, die später austreiben, humoser Boden.
Lebensbereiche: <u>G,2,hs</u>: Gehölz; frisch; halbschattig. Auch <u>Freifläche</u>.
Verwendung: Für Vorfrühlingsbeete, vor Laubgehölzen.
Vermehrung: Brutzwiebeln im Sommer. Aussaat im Mai.
Sorte: 'Atkinsii', großblumig; 'Samuel Arnott', riesige Blüten, 30 cm hoch.
Hinweis: Geschützte Wildpflanze.

Gentiana acaulis
Stängelloser Enzian
Gentianaceae, Enziangewächse

Heimat: Alpen und Karpaten, auch weiter südlich bis Mittelitalien.
Wuchsform: Mattenbildend, rosettig, ausläufertreibend.
Blatt: Lanzettlich, gegenständig angeordnet, grün, wintergrün.
Blüte: Trichterblüte, 5–7 cm lang, innen grünfleckig, violettblau, V–VI. Kelchzähne rundlich.
Frucht: Längliche Kapsel, viele gelbe Samen.
Standort: Bergwiesen auf kalkfreien, durchlässigen Böden in voller Sonne.
Lebensbereiche: <u>M,2,so–hs</u>: Matten; frisch; sonnig bis halbschattig. <u>Steinanlagen</u>.
Verwendung: In kleinen Gruppen in Steingärten. Schnittpflanze.
Vermehrung: Teilung im Frühling; Aussaat im Winter (Kältereiz).
Sorte: 'Alba', weiß.
Hinweis: Geschützte Pflanze.

Gentiana asclepiacea
Schwalbenwurz-Enzian
Gentianaceae, Enziangewächse

Heimat: Mitteleuropa, Kaukasus, Vorderasien.
Wuchsform: Überhängend, ausladend, horstig.
Blatt: Verkehrt-eiförmig, gegenständig angeordnet, Stiele beblättert.
Blüte: Glockig, in den oberen Blattachseln sitzend, blau oder weiß, VII–IX.
Frucht: Kapsel.
Standort: Schattige, feuchte Berghänge, humose Böden.
Lebensbereiche: <u>GR,2,hs</u>: Gehölzrand; frisch; halbschattig. Auch für <u>Freiflächen</u>.
Verwendung: Einzeln zu größeren Steinen und Sträuchern im Halbschatten. Der überhängende Wuchs sollte zur Geltung kommen.
Vermehrung: Teilung, Aussaat im Vorfrühling. Nur mit Topfballen verpflanzen.
Sorte: 'Alba', weiß.

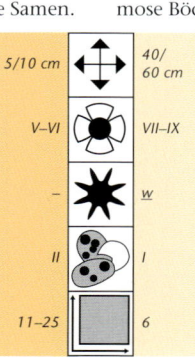

5/10 cm		40/60 cm
V–VI		VII–IX
–		<u>w</u>
II		I
11–25		6

Gentiana lutea
Gelber Enzian
Gentianaceae, Enziangewächse

Heimat: Mittel- und S-Europa.
Wuchsform: Aufrecht, horstbildend, dicke, tiefgehende Wurzeln.
Blatt: Gegenständig, breit-elliptisch, blaugrün.
Blüte: Sternblüten in mehreren Etagen, gelb, VI–VII.
Frucht: Kapsel.
Standort: Nährstoffreiche Wiesen der Alpen und Pyrenäen, sonnig.
Lebensbereiche: <u>Fr,2,so</u>: Freifläche; frisch; sonnig; auch <u>Matten</u>.
Verwendung: Einzeln in größeren Anlagen. Heilpflanze.
Vermehrung: Aussaat im Vorfrühling.
Besonderes: Aus den Wurzeln werden die Bitterstoffe für den Enzianschnaps gewonnen.

Gentiana septemfida var. lagodechiana
Sommer-Enzian
Gentianaceae, Enziangewächse

Heimat: O-Kaukasus.
Wuchsform: Niederliegend, horstbildend.
Blatt: Gegenständig, oval, dunkelgrün.
Blüte: Trichterblüten, schopfartig am Ende gehäuft, leuchtend blauviolett, VII–IX.
Frucht: Kapsel.
Standort: Durchlässige, kalkreiche Böden in sonnigen Lagen.
Lebensbereiche: <u>FS,2,so</u>: Felssteppe; frisch, sonnig. Auch <u>Matten</u> und <u>Steinanlagen</u>.
Verwendung: Einzeln oder in kleinen Gruppen im Stein- und Naturgarten. Auch auf Grabstätten.
Vermehrung: Aussaat im Vorfrühling.
Hinweis: Reich blühende Art.

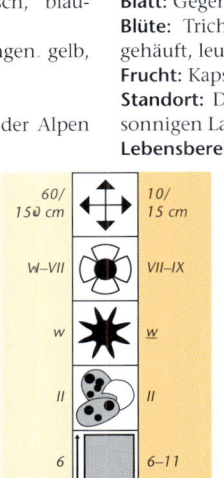

60/150 cm	10/15 cm
W–VII	VII–IX
w	w
II	II
6	6–11

Geranium cinereum 'Ballerina'

Grauer Storchschnabel
Geraniaceae, Storchschnabel-
gewächse

Heimat: Züchtung. Die Art stammt aus den Pyrenäen.
Wuchsform: Niederliegend bis aufrecht, lockerhorstig.
Blatt: Rund, stark gelappt, graugrün.
Blüte: Schalenförmig, silbrig lilarosa mit dunkler Zeichnung, VI–IX.
Frucht: Der Storchschnabel läuft gerade und spitz zu. Teilfrüchte an der Basis.
Standort: Durchlässige Böden in trockenen Lagen, sonnig.
Lebensbereiche: <u>FS,1–2,so</u>: Felssteppe; trocken bis frisch; sonnig. Auch für <u>Steinfugen</u> und <u>Steinanlagen</u>.
Verwendung: In kleinen Gruppen im Steingarten.
Vermehrung: Teilung, Wurzelschnittlinge und ausgereifte Triebstecklinge.

Geranium dalmaticum

Dalmatiner Storchschnabel
Geraniaceae, Storchschnabel-
gewächse

Heimat: Dalmatien bis Albanien.
Wuchsform: Matten bildend, treibt kurze Ausläufer.
Blatt: Rundlich gelappt, 4 cm breit, grün, im Herbst orange-gelb, wintergrün.
Blüte: Zartrosa, 1- bis 2-blütig, 13 mm breit, VI–VII.
Frucht: Aufrecht, Storchschnabel mit Teilfrüchten an der Basis.
Standort: Trockene und sonnige Plätze. Auch kalkreiche Böden.
Lebensbereiche: <u>SF,1–2,so</u>: Steinfugen; trocken bis frisch; sonnig. Dazu: <u>M,FS,MK</u>.
Verwendung: Ideale Pflanze für Steingärten und Trockenmauern, Gräber, Tröge.
Vermehrung: Teilung im Frühling.
Sorte: 'Album', weiß; 'Bressingham Pink', sattrosa.
Hinweis: Verträgt Trockenheit.

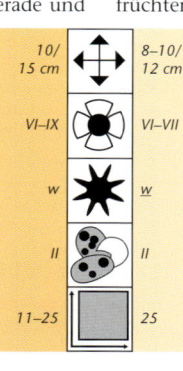

10/15 cm	↔	8–10/12 cm
VI–IX	✦	VI–VII
w	✷	<u>w</u>
II	🝆	II
11–25	⬛	25

Geranium macrorrhizum
Balkan-Storchschnabel
Geraniaceae, Storchschnabel-
gewächse

Heimat: SO-Alpen, Balkan, Karpaten, Apennin.
Wuchsform: Bildet Matten, treibt Rhizome.
Blatt: Rundlich gelappt, 8 cm breit, drüsen-
haarig, grün, im Herbst rotgelb.
Blüte: Mehrblütig, lange Staubgefäße, weiß
bis rot, V–VII.
Frucht: Aufrecht, lang und schnabelartig.
Teilfrüchte an der Basis mit welligen hori-
zontalen Rippen.
Standort: Trockene und sonnige
Plätze, sogar Rohböden. Auch
auf kalkreichen Böden.
Lebensbereiche: <u>GR,1–2,so–hs</u>:
Gehölzrand; trocken bis frisch;
sonnig bis halbschattig. Auch
für <u>Freiflächen</u>.
Verwendung: Für größere Flä-
chen, verdrängt Unkräuter.
Vermehrung: Teilung im Früh-
ling.
Sorte: 'Spessart', weiß mit rosa
Kelch. Rote Auslesen: 'Czakor'
(Bild), 'Velebit'.

Geranium × magnificum
Pracht-Storchschnabel
Geraniaceae, Storchschnabel-
gewächse

Heimat: Züchtung (*G. ibericum* × *G. platypeta-
lum*).
Wuchsform: Dichtbuschig, horstig.
Blatt: Rundlich gelappt, weich behaart, grün,
im Herbst orange-gelb.
Blüte: In Doldentrauben, blauviolett, VI–VII.
Frucht: Schnabel mit Teilfrüchten, die oft nur
teilweise entwickelt werden. Die Samen rei-
fen nicht aus.
Standort: Trockene und sonnige
Plätze, oft in Verbindung mit
Steinen.
Lebensbereiche: <u>GR, 2, so–hs</u>:
Gehölzrand; frisch; sonnig bis
halbschattig. Auch <u>Freiflächen</u>.
Verwendung: In Staudenbeeten
und Rabatten, herrlich zu
Pfingstrosen
Vermehrung: Teilung im Früh-
ling.
Hinweis: Verträgt Trockenheit,
Wärme sowie kalkreiche Böden.

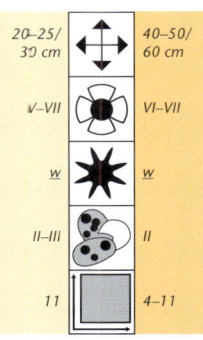

20–25/ 30 cm	40–50/ 60 cm
V–VII	VI–VII
w	w
II–III	II
11	4–11

Geranium renardii

Kaukasus-Storchschnabel
Geraniaceae, Storchschnabel-
gewächse

Heimat: Kaukasus.
Wuchsform: Kissen bildend, horstig.
Blatt: Nierenförmig gelappt, 4–5 cm breit, graugrün behaart.
Blüte: 1- bis 2-blütig, 25 mm breit, weiß, VI–VII.
Frucht: Aufrecht, an aufrechten Stielen. Schnabelförmige Frucht mit Teilfrüchten.
Standort: Trockene und sonnige Plätze, oft in Verbindung mit Steinen. Auch kalkreiche Böden.
Lebensbereiche: GR,1,so–hs: Gehölzrand; trocken; sonnig bis halbschattig. Auch auf Freiflächen und Felssteppen.
Verwendung: Vielseitig, aber immer trocken und sonnig.
Vermehrung: Teilung im Frühling. Oft Selbstaussaat.
Hinweis: Verträgt viel Trockenheit und Wärme.

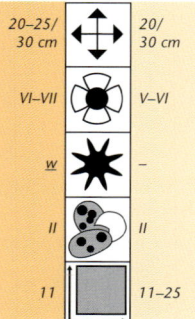

20–25/30 cm	20/30 cm
VI–VII	V–VI
w	–
II	II
11	11–25

Geum coccineum

Garten-Nelkenwurz
Rosaceae, Rosengewächse

Heimat: Balkan, Kaukasus. Züchtungen.
Wuchsform: Buschig, horstbildend.
Blatt: Gefiedert, die Endblättchen am größten, behaart.
Blüte: Schalenförmig, leuchtend orangerot je nach Sorte, V–VI.
Fruchtstand/Frucht: Schopfiger Fruchtstand, Samen gefedert.
Standort: Sonnige, nährstoffreiche Plätze auf Beeten und Rabatten.
Lebensbereiche: FR,2,so–abs,–b: Freifläche; frisch; sonnig bis absonnig; beetstaudenähnlich. Auch Gehölzrand.
Verwendung: Für Beete und Wildstaudenpflanzungen. Auch auf trockenen Standorten.
Vermehrung: Teilung im Frühling.
Sorte: 'Feuermeer', **, orangerot (Bild).
Weitere Art: *G.* × *heldreichii* 'Georgenberg', **, orangegelb

Gypsophila repens 'Rosea'
Teppich-Schleierkraut
Caryophyllaceae, Nelkengewächse

Heimat: Züchtung. Die Art stammt aus den Kalkalpen und Pyrenäen.
Wuchsform: Niederliegend, horstbildend. Rübenförmige Wurzeln.
Blatt: Lineal-lanzettlich, blaugrün.
Blüte: Klein, zartrosa, in Mengen, V–VIII
Frucht: Klein, unscheinbar.
Standort: Trockene durchlässige Kalkböden in voller Sonne.
Lebensbereiche: FS,1–2,so: Felssteppe; trocken bis frisch; sonnig. Auch SF, MK.
Verwendung: In und auf Mauern sowie sonnige Pflanzungen im Steingarten. Pflanze verträgt keine Staunässe.
Vermehrung: Aussaat.
Sorte: 'Rosenschleier', ***, hellrosa gefüllt, 30 cm.

Helenium-Sorten
Sonnenbraut
Asteraceae, Asterngewächse

Heimat: Züchtung. Die Arten stammen aus den USA.
Wuchsform: Aufrecht, horstig.
Blatt: Lanzettlich, leicht gezähnt, wechselständig.
Blüte: Körbchenblüte in endständigen Doldentrauben, rot, gelb, braun, VII–IX.
Fruchtstand/Frucht: Körbchen, Samen mit Pappus.
Standort: Nährstoffreiche Plätze in voller Sonne.
Lebensbereiche: B,2,so: Beet; frisch; sonnig. Auch für Freiflächen.
Verwendung: Für Staudenbeete und Rabatten. Schnittpflanze.
Vermehrung: Teilung im Vorfrühling.
Sorte: 'Kupfersprudel', kupferbraun, 110 cm, mittelfrüh (Bild); 'Waltraud', ***, goldbraun, 90 cm, früh.
Hinweis: Ab Frühsommer kräftig wässern und düngen.

15/20–25 cm	20/60–150 cm
V–VIII	VII–IX
w	S
I	I
11–25	1–3

Helianthemum-Sorten
Sonnenröschen
Cistaceae, Zistrosengewächse

Heimat: Züchtung.
Wuchsform: Aufrecht bis überliegend, horstig, zwergstrauchartig.
Blatt: Eiförmig, gegenständig, 2–3 cm lang, grau–grün, immergrün.
Blüte: Mit 5 Kronblättern, in traubenartigen Wickeln, gelb, weiß, braun, rot – je nach Sorte. Einzelblüte kurzlebig, aber in Mengen erscheinend, V–VII.
Frucht: Klein, nickend.
Standort: Durchlässige Böden in voller Sonne, meist in Steinnähe.
Lebensbereiche: <u>FS,1–2,so</u>: Felssteppe; trocken bis frisch; sonnig. Auch <u>MK</u> und <u>St</u>.
Verwendung: Für Steingärten, auf Mauern, ähnliche Standorte.
Vermehrung: Sommerstecklinge.
Sorte: 'Frau M. Bachthaler', *, weiß; 'Mandarin', orange (Bild).
Hinweis: Reich blühender Zwergstrauch.

Helianthus decapetalus
Stauden-Sonnenblume
Asteraceae, Asterngewächse

Heimat: N-Amerika.
Wuchsform: Dichtbuschig, horstbildend, dicke Rhizome.
Blatt: Eiförmig zugespitzt, lang gestielt, unterseits rau, Rand gezähnt.
Blüte: Körbchen in Doldentrauben, 12–14 Strahlenblüten, hellgelb, VIII–X.
Fruchtstand/Frucht: Körbchen, Samen mit Pappus.
Standort: Nährstoffreiche Böden in voller Sonne.
Lebensbereiche: <u>Fr,1–2,so</u>: Freifläche; trocken bis frisch; sonnig.
Verwendung: Einzeln oder in kleinen Gruppen in größeren Gärten und Parks. Schnittpflanze.
Vermehrung: Teilung im Frühling.
Sorte: 'Capenoch Star', ***, 180 cm, zitronengelb (Bild); 'Meteor', **, gelb, 150 cm.
Hinweis: Des Öfteren teilen.

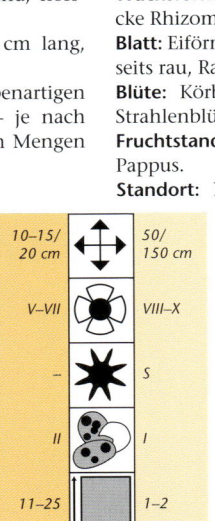

10–15/ 20 cm	50/ 150 cm
V–VII	VIII–X
–	S
II	I
11–25	1–2

Helianthus salicifolius
Weidenblättrige Sonnenblume
Asteraceae, Asterngewächse

Heimat: USA.

Wuchsform: Aufrecht, locker bis bogig überhängend, ausläuferbildend.

Blatt: Lineal-lanzettlich, Stängel dicht beblättert, hellgrün.

Blüte: Körbchen, locker verzweigter Blütenstand, leuchtend gelb, IX–X.

Fruchtstand: Körbchen.

Standort: Durchlässige, kalkreiche Böden in voller Sonne.

Lebensbereiche: Fr,3,so, –b: Freifläche; feucht; sonnig; beetstaudenähnlich. Auch Beet.

Verwendung: Einzeln, am schönsten an Wasserflächen. Verträgt aber auch sehr gut Trockenheit, ist dann sogar standfester!

Vermehrung: Teilung im Frühling.

Helichrysum thianshanicum
Turkestan-Strohblume
Asteraceae, Asterngewächse

Heimat: Turkestan.

Wuchsform: Lockerrasig, liegend bis aufrecht, lockerhorstig.

Blatt: Weißwollig behaart, lanzettlich, nach „Maggi" duftend.

Blüte: In dichten Dodentrauben, leuchtend gelb, VI–VII.

Fruchtstand/Frucht: Körbchen, Samen mit Pappus.

Standort: Durchlässige und trockene Lagen in voller Sonne, nährstoffarm.

Lebensbereiche: FS,1,so: Felssteppe; trocken; sonnig. Auch Freifläche.

Verwendung: Gut in Verbindung mit Steinen, auf Mauern, kalkarme Böden. Für Beeteinfassungen. Trockenbinderei.

Vermehrung: Teilung im Vorfrühling.

Sorte: 'Schwefellicht', w, 25 cm, dichter (Bild).

Hinweis: Leidet bei Nässe und Bodenverdichtung.

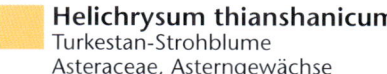

100/250 cm	10/20–30 cm
IX–X	VI–VII
**	–
1	II
1	11–25

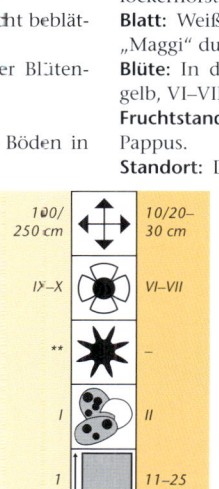

Helictotrichon sempervirens

(Syn.: Avena sempervirens)
Blaustrahlhafer
Poaceae, Süßgräser

Heimat: SW-Alpen.
Wuchsform: Aufrecht, bogig überhängend, horstbildend.
Blatt: Schmal, graublau.
Blüte: Rispe überhängend, blaugrün, VII–VIII.
Fruchtstand/Frucht: Rispe, Karyopse.
Standort: Durchlässige, magere, oft kalkarme Plätze in voller Sonne.
Lebensbereiche: Fr,1,so: Freifläche; trocken; sonnig. Auch Steppenheide und Felssteppe.
Verwendung: Einzeln oder in kleinen Gruppen, auch zum Schnitt, Dachbegrünung.
Vermehrung: Teilung im Vorfrühling, Aussaat.
Sorte: 'Pendula', w, stärker hängend.
Hinweis: In nassen Sommern anfällig gegen Rost.

Heliopsis helianthoides var. scabra

Sonnenauge
Asteraceae, Asterngewächse

Heimat: N-Amerika.
Wuchsform: Aufrecht, horstig.
Blatt: Eiförmig zugespitzt, rau, Rand gesägt, gegenständig, dunkelgrün.
Blüte: Körbchen, langgestielt, Blütenstand verzweigt, leuchtend gelb, VII–IX.
Fruchtstand: Körbchen.
Standort: Nährstoffreiche, kalkreiche Gartenböden in voller Sonne.
Lebensbereiche: B,2,so: Beet; frisch, sonnig. Auch Freifläche.
Verwendung: Wichtige, langblühende Beetstaude und wertvolle, lang haltbare Schnittpflanze.
Vermehrung: Teilung im Vorfrühling und Herbst, Stecklinge im Frühling.
Sorte: 'Benzinggold', gelb; 'Karat', **, wichtigste Schnittsorte; 'Sirius' (Bild), 'Spitzentänzerin', ***, halbgefüllt.
Hinweis: Rückschnitt nach der Blüte.

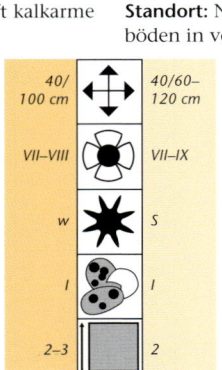

40/100 cm	40/60-120 cm
VII–VIII	VII–IX
w	S
l	l
2–3	2

 Helleborus niger
Christrose
Ranunculaceae, Hahnenfuß-
gewächse

 Helleborus-Sorten
Christrose
Ranunculaceae, Hahnenfuß-
gewächse

Heimat: Alpen, Apenninen, Karpaten.
Wuchsform: Dichtbuschig, kurze Rhizome
bildend, langlebig.
Blatt: Handförmig geteilt, dunkelgrün,
immergrün.
Blüte: Schalenförmig, großblumig, 1- bis 2-
blütig, weiß, später rosa, III–IV.
Frucht: Balgfrucht mit braun-schwarzen Samen.

Standort: Im Halbschatten humoser, kalkhaltiger Böden.
Lebensbereiche: GR,2,hs: Gehölzrand; frisch; halbschattig.
Auch Steinanlagen.
Verwendung: In kleinen Trupps
zu Gehölzen. Wichtige Schnittpflanze. Heilpflanze.
Vermehrung: Teilung im Herbst
oder nach der Blüte, Aussaat sofort nach der Ernte.
Sorte: 'Praecox', Li, blüht ab XI
(Bild); 'Van Keesen', Treibsorte.

Heimat: Züchtung.
Wuchsform: Dichtbuschig, aufrecht, langlebig.
Blatt: Handförmig geteilt, dunkelgrün,
immergrün.
Blüte: Schalenförmig, großblumig, 1- bis 2-
blütig, rosa bis schwarzrot, III–IV.
Frucht: Balgfrucht mit braun-schwarzen Samen.

Standort: Im Halbschatten humoser, kalkhaltiger Böden.
Lebensbereiche: GR,2,so–hs: Gehölzrand; frisch; sonnig bis halbschattig. Auch Gehölz.
Verwendung: In kleinen Trupps
zu Gehölzen. Schnittpflanze.
Vermehrung: Teilung im Herbst
oder nach der Blüte, Aussaat sofort nach der Ernte.
Sorte: 'Atrorubens', rot (Bild).
Hinweis: Auf Pilzbefall achten.

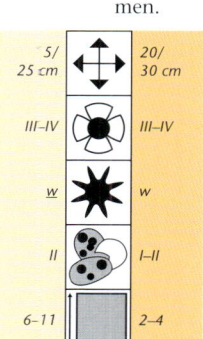

5/ 25 cm	20/ 30 cm
III–IV	III–IV
w	w
II	I–II
6–11	2–4

Hemerocallis-Sorten
Garten-Taglilie
Hemerocallidaceae, Taglilien-
gewächse

Heimat: Züchtung.
Wuchsform: Überhängend, horstig, Wurzel-
stock fleischig.
Blatt: Linealisch, schmal.
Blüte: In gabelästig verzweigten Schäften, li-
lienartig, trichter-, trompeten- oder schalen-
förmig, klein oder groß, in allen möglichen
Farben je nach Sorte. Einzelblüte hält nur ei-
nen Tag. Auch 2- oder 3-farbig! VI–VIII (–IX).
Frucht: 3-teilige Kapsel.
Standort: Vollsonnige, nähr-
stoffreiche Böden.
Lebensbereiche: <u>B,2,so</u>: Beet;
frisch, sonnig. Auch <u>Freifläche</u>.
Verwendung: (Schnitt) Beet.
Vermehrung: Teilung im Vor-
frühling oder nach der Blüte.
Aussaat im Frühling.
Sorte: 'Corky', gelb, kleinblu-
mig, ab Mai; großblumige Sorten
ab VI: 'Atlas', gelb; 'Bed of Ro-
ses', *, rosa; 'Crimson Glory', rot
(Bild).

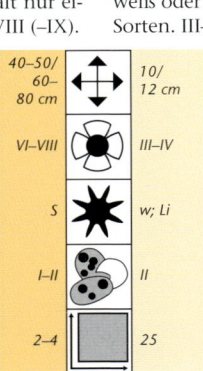

40–50/ 60– 80 cm	10/ 12 cm
VI–VIII	III–IV
S	w; Li
I–II	II
2–4	25

☠ Hepatica nobilis
(Syn.: Hepatica triloba)
Leberblümchen
Ranunculaceae, Hahnenfuß-
gewächse

Heimat: Europa, O-Asien.
Wuchsform: Buschig, horstig.
Blatt: 3-lappig, ganzrandig meist, wintergrün.
Neue Blätter nach der Blüte.
Blüte: Schalenförmig, mit 3 Kelchblättern
(Unterschied zu Anemonen) 2 cm breit, blau,
weiß oder rosa. Seltener sind gefülltblühende
Sorten. III–IV.
Frucht: Balgfrucht.
Standort: Im Kalkbuchenwald
im Laubhumusboden.
Lebensbereiche: <u>G,2,hs</u>: Gehölz;
frisch; halbschattig. Auch <u>Ge-
hölzrand</u>.
Verwendung: Einzeln oder in
kleinen Gruppen im Vorfrüh-
lingsgarten.
Vermehrung: Teilung im Vor-
frühling, Aussaat im Winter
(Kaltkeimer!)
Sorte: 'Plena', blau gefüllt (Bild);
'Rubra Plena', rot gefüllt.

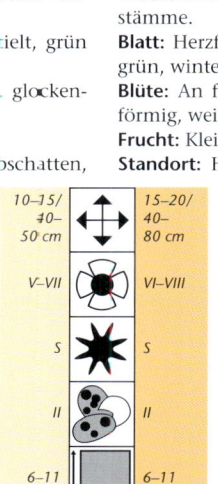

Heuchera-Sorten
Purpurglöckchen
Saxifragaceae, Steinbrech-
gewächse

Heimat: Züchtung. Arten aus Amerika.
Wuchsform: Buschig, horstig, verdickte Erd-
stämme.
Blatt: Herzförmig gelappt, langgestielt, grün
oder rötlich, wintergrün.
Blüte: An fein verzweigten Rispen, glocken-
förmig, weiß, rosa, rot, V–VII.
Frucht: Kleine Kapsel.
Standort: Humose Böden im Halbschatten,
nur gelegentlich austrocknend.
Lebensbereiche: GR,2,hs: Ge-
hölzrand; frisch; halbschattig.
Freifläche und Steinanlagen.
Verwendung: Als Gruppen-
pflanze in Steingärten und vor
Gehölzen. Schnittpflanze.
Vermehrung: Teilung im Vor-
frühling.
Sorte: 'Red Spangles', **, schar-
lach; 'Scintillation', **, leuch-
tend rosa; 'Silberregen', Li, weiß.
Hinweis: Auf Nematoden ach-
ten.

Heuchera micrantha
Purpurglöckchen
Saxifragaceae, Steinbrech-
gewächse

Heimat: N-Amerika.
Wuchsform: Buschig, horstig, verdickte Erd-
stämme.
Blatt: Herzförmig gelappt, langgestielt, grau-
grün, wintergrün.
Blüte: An fein verzweigten Rispen, glocken-
förmig, weiß-rosa, VI–VIII.
Frucht: Kleine Kapsel.
Standort: Humose Böden im Halbschatten,
nur gelegentlich austrocknend.
Lebensbereiche: GR,2,hs: Ge-
hölzrand; frisch; halbschattig.
Auch Freifläche.
Verwendung: Als Gruppen-
pflanze vor Gehölzen. Schnitt-
pflanze.
Vermehrung: Teilung im Vor-
frühling.
Sorte: 'Palace Purple', bronze-
rotes Laub (Bild).
Hinweis: Auf Nematoden achten.

10–15/ 40– 50 cm		15–20/ 40– 80 cm
V–VII		VI–VIII
S		S
II		II
6–11		6–11

Hippuris vulgaris
Tannenwedel
Hippuridaceae, Tannenwedel-
gewächse

Heimat: Europa, N-Amerika, N-Asien.
Wuchsform: Unter Wasser Ausläufer bildend,
aufrecht. Höhe: 10–30 cm über Wasser.
Blatt: Nadelähnlich, waagerecht abstehend,
quirlständig, 1–2 cm lang, grün.
Blüte: Unscheinbar in den Blattachseln, rosa,
VII–VIII.
Frucht: Unscheinbare Steinfrucht.
Standort: In kalkhaltigen, meist stehenden
Gewässern in voller Sonne.
Lebensbereiche: <u>WR,5,so</u>: Was-
serrand; flaches Wasser; sonnig.
Auch <u>Wasser</u>.
Verwendung: Zur Sauerstoffver-
sorgung von Teichen. In Kübel
pflanzen, die Pflanze breitet sich
sonst sehr stark aus!
Vermehrung: Teilung der Rhi-
zome im Frühling.

Hosta 'Fortunei'
(Syn.: Hosta fortunei)
Graublatt-Funkie
Hostaceae, Funkiengewächse

Heimat: Japan.
Wuchsform: Horstbildend, halbkugelig.
Blatt: Herzförmig, lang gestielt, Blatt mit
8–10 Nervenpaaren, mattgrün bereift.
Blüte: Blütentrauben mit hellvioletten, lilien-
artigen Einzelblüten, VII–VIII.
Frucht: 3-teilige Kapseln, schwarze Samen.
Wird selten gebildet.
Standort: Vor und unter Gehölzen in humo-
sen, kalkarmen Böden.
Lebensbereiche: <u>GR,2,hs</u>: Ge-
hölzrand; frisch; halbschattig.
Auch <u>Gehölz</u>.
Verwendung: Einfassungen, Ra-
batten, unter Gehölzen aller Art.
Vermehrung: Teilung im Früh-
ling.
Sorte: 'Stenantha', Schlankblü-
tige Funkie, hellgrün, Blüten röt-
lichviolett (Bild).
Hinweis: Robust, aber durch
Schnecken gefährdet. Hostas
treiben spät aus.

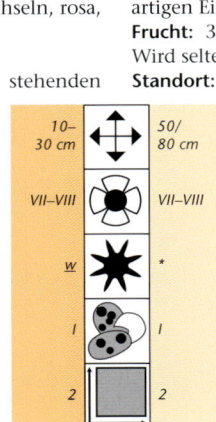

10–30 cm		50/80 cm
VII–VIII		VII–VIII
<u>w</u>		*
		I
2		2

Hosta 'Lancifolia'
(Syn.: Hosta lancifolia)
Lanzen-Funkie
Hostaceae, Funkiengewächse

Heimat: Japan.
Wuchsform: Horstig, zierlich.
Blatt: Lanzettlich, mit 4 Nervenpaaren, dunkelgrün, glänzend.
Blüte: Hängend, trichterförmig, in einseitswendigen Blütentrauben, lila, VIII–IX.
Frucht: 3-teilige Kapseln, schwarze Samen.
Standort: Humose Böden im Halbschatten.
Lebensbereiche: GR,2,hs: Gehölzrand; frisch; halbschattig. Auch Gehölz.
Verwendung: In Gruppen unter Gehölzen, Rabatten und Wegeinfassungen.
Vermehrung: Teilung im Frühling.
Hinweis: Durch Schnecken gefährdet. Hostas treiben spät aus, daher Vergesellschaftung mit Frühlingsgeophyten.

Hosta 'Undulata'
(Syn.: Hosta undulata)
Wellblatt-Funkie
Hostaceae, Funkiengewächse

Heimat: Japan.
Wuchsform: Horstbildend, halbkugelig.
Blatt: Oval-lanzettlich, gewellt, lang gestielt, 5–9 cm breit. Blütenstiele beblättert.
Blüte: Blütentrauben mit hellvioletten, trichterförmigen Einzelblüten, VII–VIII.
Frucht: Bildet keine Früchte aus.
Standort: Vor und unter Gehölzen in humosen, kalkarmen Böden.
Lebensbereiche: GR,2,hs: Gehölzrand; frisch; halbschattig. Auch Gehölz.
Verwendung: Einfassungen, Rabatten, unter Gehölzen aller Art. Auch für Gefäßbepflanzung.
Vermehrung: Teilung im Frühling.
Sorte: 'Undulata Albomarginata', **, Weißrand-Wellblatt-Funkie, Laub grün mit weißem Rand (Bild). 'Undulata Univittata', **, Schneefeder-Funkie, Laub mit weißen Feldern. Blüten hellviolett.

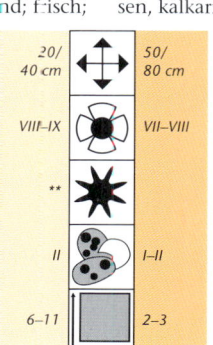

20/40 cm	50/80 cm
VIII–IX	VII–VIII
**	
II	I–II
6–11	2–3

Hosta-Sorten
Funkien
Hostaceae, Funkiengewächse

Heimat: Züchtungen.
Wuchsform: Horstbildend, halbkugelig.
Blatt: Herzförmig, lang gestielt. Oft schöne gelbe Herbstfärbung.
Blüte: Blütentrauben mit hellvioletten, lilienartigen Einzelblüten, VII–VIII.
Frucht: Wird selten gebildet.
Standort: Vor und unter Gehölzen in humosen, kalkarmen Böden.
Lebensbereiche: <u>GR,2,hs</u>: Gehölzrand; frisch; halbschattig. Auch <u>Gehölz</u>.
Verwendung: Einfassungen, Rabatten, unter Gehölzen aller Art.
Vermehrung: Teilung im Frühling.
Sorte: 'Krossa Regal', 90–160 cm hoch, blaugraues Laub, trichterbildend; 'Patriot', 70 cm, Laub breit, dunkelgrün mit weißem Rand (Bild).
Hinweis: Robust, aber durch Schnecken gefährdet.

Hyacinthoides hispanica
(Syn.: Scilla hispanica)
Spanischer Blaustern
Hyacinthaceae, Hyazinthengewächse

Heimat: SW-Europa: Spanien, Portugal.
Wuchsform: Aufrecht, Laub überhängend, horstig, kugelige Zwiebel. Zieht nach der Blüte ein.
Blatt: Linelisch, glänzend, hellgrün.
Blüte: Nickende Glöckchen in pyramidalen Trauben, in Blau, Rosa, Weiß, IV–V.
Frucht: Rundliche Kapsel.
Standort: In lichten Laubwaldhainen, auch auf sauren Wiesen in voller Sonne.
Lebensbereiche: <u>Fr,2,so</u>: Freifläche; frisch; sonnig.
Verwendung: Einzeln oder in Gruppen zu Frühlingsblühern, auch unter Bäumen.
Vermehrung: Brutzwiebeln, Teilung der Zwiebelhorste vom Sommer bis Herbst.
Sorte: 'Excelsior', dunkelblau; 'Rosabella', rosa; 'White Triumphator', weiß.

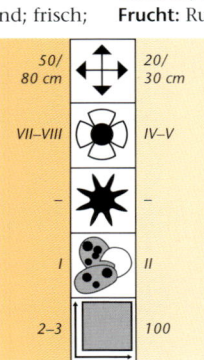

50/80 cm	20/30 cm
VII–VIII	IV–V
–	–
I	II
2–3	100

Hyacinthus orientalis
Hyazinthe
Hyacinthaceae, Hyazinthen-
gewächse

Heimat: Östliches Mittelmeergebiet.
Wuchsform: Aufrechter Blütenstand, Laub abstehend, Zwiebel breitkugelig, groß.
Blatt: Steif abstehend, fleischig, glänzend grün.
Blüte: Sternartige Röhrenblüten in dichter Traube in weiß, gelb, rosa, rot, blau, IV–V. Intensiver Duft.
Frucht: Bildet kaum Früchte aus.
Standort: Durchlässige Gartenböden in voller Sonne.
Lebensbereiche:  B,2,so: Beet, frisch; sonnig.
Verwendung: Meist als präparierte Zwiebel zur Topftreiberei.
Vermehrung: Brutzwiebeln. Bildung durch Kreuzschnitt am Zwiebelboden.
Sorte: 'Amethyst', blau; 'Carnegie', weiß; 'Jan Bos' rot.
Hinweis: Präparierte Zwiebeln blühen im Winter im Wasserglas.

Hypericum calycinum
Teppich-Johanniskraut
Clusiaceae, Clusiagewächse

Heimat: O-Europa, S-Europa, Türkei.
Wuchsform: Flach ausgebreitet, Triebe aufrecht, wuchert durch Bodentriebe. Halbstrauch.
Blatt: Oval, gegenständig angeordnet, blaugrün, immergrün.
Blüte: Schalenförmig, mit vielen Staubfäden, 7 cm groß, goldgelb, VII–IX.
Frucht: Grüne Kapsel, selten.
Standort: Sonnige Magerwiesen und vor Gehölzen.
Lebensbereiche: GR,1–2,so–sch: Gehölzrand; trocken bis frisch; sonnig bis schattig.
Verwendung: In Gruppen oder großen Mengen als Flächenbegrüner.
Vermehrung: Teilung im Frühling, Stecklinge im Sommer.
Hinweis: Laub kann in strengen Wintern leiden.

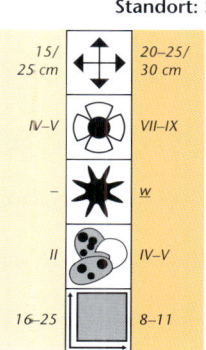

15/25 cm	20–25/30 cm
IV–V	VII–IX
–	w
II	IV–V
16–25	8–11

Iberis saxatilis
Felsen-Schleifenblume
Brassicaceae, Kohlgewächse

Heimat: S-Europa.
Wuchsform: Niederliegend, polsterbildend, horstig.
Blatt: Lineal, 2–3 cm lang, dunkelgrün, immergrün.
Blüte: In flachen, endständigen Trugdolden, Weiß. Einzelblüte mit je 2 kurzen und 2 langen Blütenblättern, bildet somit eine Schleife, III–IV.
Frucht: Schötchen eiförmig.
Standort: Durchlässige Kalkmagerwiesen in sonniger Lage.
Lebensbereiche: MK,1–2,so: Mauerkronen; trocken bis frisch; sonnig. Auch Steinanlagen.
Verwendung: In Steingärten und auf Mauern, Troggärten, Gräber.
Vermehrung: Stecklinge im Sommer.
Sorte: 'Pygmaea', Li, noch gedrungener.

Iberis sempervirens
Schleifenblume
Brassicaceae, Kohlgewächse

Heimat: S-Europa, Kleinasien, Kreta.
Wuchsform: Niederliegend, kissenbildend, horstig.
Blatt: Spatelig, 2–3 cm lang, dunkelgrün, immergrün.
Blüte: In flachen, endständigen Trugdolden, Weiß. Einzelblüte mit je 2 kurzen und 2 langen Blütenblättern, bildet eine Schleife, IV–V.
Frucht: Schötchen eiförmig.
Standort: Durchlässige Kalkmagerwiesen in sonniger Lage.
Lebensbereiche: MK,1–2,so: Mauerkronen; trocken bis frisch; sonnig. Auch Steinanlagen.
Verwendung: In Steingärten und auf Mauern, Troggärten, Gräber.
Vermehrung: Stecklinge im Sommer.
Sorte: 'Nana', Li, noch gedrungener; 'Schneeflocke', ***, 25 cm.
Hinweis: Rückschnitt nach der Blüte.

5–10/ 10 cm	25–30/ 35 cm
III–IV	IV–V
w	–
I–II	I
25	11–25

 Incarvillea delavayi
Freilandgloxinie
Bignoniaceae, Bignoniengewächse

Heimat: Yunnan.
Wuchsform: Aufrecht, locker horstig. Rüben-artiger Wurzelstock.
Blatt: Unpaarig gefiedert, Rand gezähnt, grün.
Blüte: Große Trichterblüte, 5-lappig, in 3- bis 12-blütiger Doldentraube, Rosa, VI–VII.
Fruchtstand/Frucht: 2-klappige Kapsel mit großen Samen.
Standort: Durchlässige Böden in sonniger Lage.
Lebensbereiche: <u>Fr</u>,1–2,<u>so</u>: Frei-fläche; trocken bis frisch; son-nig.
Verwendung: Einzeln in Rabat-ten oder Steingärten.
Vermehrung: Aussaat im Früh-ling.
Hinweis: Auf Nematoden ach-ten. In strengen Wintern Schutz vor Nässe und Frost.

30/50–60 cm	25/30 cm
VI–VII	VII–VIII
–	w
II	II
6–11	11

Inula ensifolia
Zwerg-Alant
Asteraceae, Asterngewächse

Heimat: O-Europa bis Kaukasus.
Wuchsform: Dichtbuschig, horstartig, aber mit kurzen Ausläufern.
Blatt: Lanzettlich, dunkelgrün.
Blüte: Gelbe Körbchenblüte, goldgelbe Zun-genblüten, einzeln, VII–VIII.
Frucht: Körbchen, Samen mit Pappus.
Standort: Trockene Kalkmagerwiesen in vol-ler Sonne.
Lebensbereiche: <u>SH</u>,1,<u>so</u>: Steppenheide; tro-cken; sonnig. Auch <u>Felssteppe</u> und <u>Freifläche</u>.
Verwendung: Einzeln und in Gruppen in Steingärten und sonnigen Plätzen. Extensive Dachbegrünung.
Vermehrung: Teilung im Früh-ling.
Sorte: 'Compacta', <u>w</u>, nur 20 cm hoch (Bild).

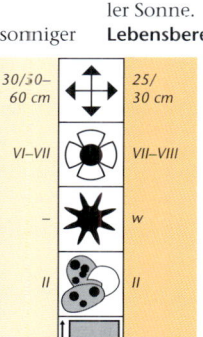

Iris ensata
(Syn.: Iris kaempferi)
Japanische Schwertlilie
Iridaceae, Schwertliliengewächse

Heimat: China, Japan, Korea.
Wuchsform: Aufrecht, horstig.
Blatt: Lineal, ganzrandig, hellgrün.
Blüte: 3 breite Hängeblätter, 3 kurze oder breite Domblätter, rosa, weiß, blau, rot, VI–VII.
Frucht: 3-teilige, zugespitzte Kapsel.
Standort: Im Sommer im flachen Wasser in voller Sonne. Kalkfreier, im Winter auch trockener Standort.
Lebensbereiche: <u>Fr, 2–3,so</u>: Freifläche; frisch bis feucht; sonnig.
Verwendung: Einzeln oder in Gruppen in besonderen Beeten oder Gefäßen, die man im Sommer anstauen kann (Folienverwendung).
Vermehrung: Teilung im Frühling.
Sorte: 'Amazone', rotviolett, mittelfrüh, reich blühend.

Iris-Barbata-Elatior-Gruppe
Hohe Schwertlilie
Iridaceae, Schwertliliengewächse

Heimat: Züchtungen.
Wuchsform: Aufrecht, dicke Rhizome bildend, Stängel steif, verzweigt.
Blatt: Schwertförmig, ganzrandig, spitz, grün.
Blüte: Zu mehreren in scheidigen Hüllblättern, end- und achselständig. Blütenblätter in 2 Kreisen, je 3 Dom- und Hängeblätter, letztere mit Bart, 10–15 cm groß. In vielen Farbkombinationen, VI.
Frucht: 3-klappige Kapsel.
Standort: Durchlässige, nährstoffreiche Böden in voller Sonne, kalkliebend.
Lebensbereiche: <u>B,1–2,so</u>: Beet; trocken bis frisch; sonnig. Auch <u>Freifläche</u>.
Verwendung: Auf Beeten und Rabatten. Schnittpflanze.
Vermehrung: Teilung der Rhizome nach der Blüte im Sommer. Aussaat.
Sorte: Jährlich neue Sorten siehe Spezialkataloge.
Hinweis: Keine Winternässe.

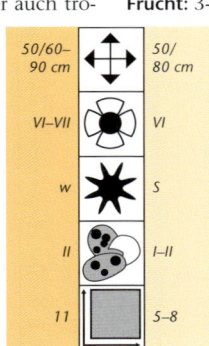

50/60–90 cm		50/80 cm
VI–VII		VI
w		S
II		I–II
11		5–8

Iris-Barbata-Media-Gruppe
Mittelhohe Schwertlilie
Iridaceae, Schwertliliengewächse

Heimat: Züchtungen.
Wuchsform: Aufrecht, dicke Rhizome bildend, Stängel steif, verzweigt.
Blatt: Schwertförmig, ganzrandig, spitz, grün.
Blüte: Zu mehreren in scheidigen Hüllblättern, end- und achselständig. Blütenblätter in 2 Kreisen, je 3 Dom- und Hängeblätter, letztere mit Bart, 10–15 cm groß. In vielen Farbkombinationen, V–VI.
Frucht: 3-klappige Kapsel.
Standort: Durchlässige, nährstoffreiche Böden in voller Sonne, kalkliebend.
Lebensbereiche: B,1–2,so: Beet; trocken bis frisch; sonnig. Auch Freifläche.
Verwendung: Auf Beeten und Rabatten. Schnittpflanze.
Vermehrung: Teilung der Rhizome nach der Blüte im Sommer. Aussaat.
Sorte: Jährlich neue Sorten siehe Spezialkataloge.
Hinweis: Keine Winternässe.

Iris-Barbata-Nana-Gruppe
Niedere Schwertlilie
Iridaceae, Schwertliliengewächse

Heimat: Züchtungen.
Wuchsform: Aufrecht, dicke Rhizome bildend, Stängel steif, verzweigt.
Blatt: Schwertförmig, ganzrandig, grün, spitz.
Blüte: Zu mehreren in scheidigen Hüllblättern, end- und achselständig. Blütenblätter in 2 Kreisen, je 3 Dom- und Hängeblätter, letztere mit Bart, 10–15 cm groß. In vielen Farbkombinationen, IV–V.
Frucht: 3-klappige Kapsel.
Standort: Durchlässige, nährstoffreiche Böden in voller Sonne, kalkliebend.
Lebensbereiche: FS,1,so: Felssteppe; trocken; sonnig. Auch Steppenheide, Steinanlagen, Freifläche.
Verwendung: Als Einfassung für Rabatten, in kleinen Gruppen im Steingarten. Dachbegrünung.
Vermehrung: Teilung der Rhizome nach der Blüte im Sommer. Aussaat.
Sorte: Jährlich neue Sorten.

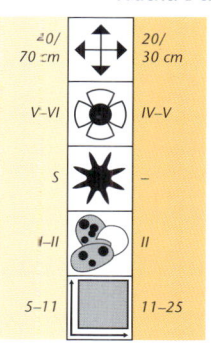

20/70 cm	20/30 cm
V–VI	IV–V
S	–
I–II	II
5–11	11–25

Iris pseudacorus
Sumpf-Schwertlilie
Iridaceae, Schwertliliengewächse

Heimat: Europa, Vorderasien bis Sibirien, N-Afrika.
Wuchsform: Aufrecht, rhizombildend.
Blatt: Schwertförmig, spitz, hellgrün.
Blüte: Kleine Dom- und breite Hängeblätter, gelb, VI–VII.
Fruchtstand/Frucht: 3-fächrige Kapsel mit zahlreichen, braunen Samen.
Standort: Am Rand von Bächen und Teichen in ganz Europa, auch im Sumpf.
Lebensbereiche: <u>WR,5,so–hs</u>: Wasserrand, flaches Wasser; sonnig bis halbschattig. <u>Freiflächen</u>.
Verwendung: Am Rand von Naturteichen und großen Wasserbecken. Heilpflanze.
Vermehrung: Teilung der Rhizome im Frühling, Aussaat.
Sorte: 'Beuron', größere Blüten.
Hinweis: Selbstaussaat an geeigneten Standorten.

Iris reticulata
Netz-Schwertlilie
Iridaceae, Schwertliliengewächse

Heimat: Kaukasus.
Wuchsform: Aufrechte Zwiebelpflanze, horstig, zieht im Sommer ein.
Blatt: Spitz, 4-kantig, erscheinen mit der Blüte und überragen sie später.
Blüte: Dunkelblaue Dom- und Hängeblätter, letztere mit orangenem Saftmal, III.
Frucht: Kapsel.
Standort: Durchlässige Böden in voller Sonne.
Lebensbereiche: <u>St,1,so</u>: Steinanlagen; trocken; sonnig. Auch <u>Felssteppe</u>.
Verwendung: In kleinen Gruppen in Steingärten und zu Vorfrühlingsblühern.
Vermehrung: Brutzwiebeln.
Sorte: 'Harmony', himmelblau (Bild: 'Cantab').
Hinweis: Pflanzung im Herbst. Attraktiv in Kombination mit gelben Wild-Krokussen.

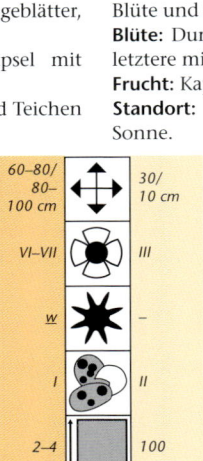

60–80/ 80– 100 cm	30/ 10 cm
VI–VII	III
<u>w</u>	–
I	II
2–4	100

Iris sibirica
Sibirische Schwertlilie
Iridaceae, Schwertliliengewächse

Heimat: Europa, Kaukasus, Sibirien.
Wuchsform: Aufrecht, horstig. Stängel hohl.
Blatt: Grasartig, überhängend, hellgrün.
Blüte: Aufrechte Dom- und breite Hängeblätter, geadert, leuchtend blau, VI.
Fruchtstand/Frucht: 3-fächrige, schmale Kapsel mit zahlreichen, braunen Samen.
Standort: Am Rand von Gewässern in trockeneren Bereichen.
Lebensbereiche: <u>Fr,3,so</u>: Freifläche; feucht; sonnig.
Verwendung: In nährstoffreichen Böden.
Vermehrung: Teilung im Frühling, Aussaat.
Sorte: 'Caesars Brother', nachtblau; 'Cambridge', hellblau, großblumig (Bild); 'Schwan', weiß.
Hinweis: Geschützte Wildpflanze.

Iris variegata
Steppen-Schwertlilie
Iridaceae, Schwertliliengewächse

Heimat: Mitteleuropa, N-Balkan, Südrussland.
Wuchsform: Aufrecht, horstig. Stängel steif, verzweigt.
Blatt: Schwertförmig, ganzrandig, spitz, grün.
Blüte: Zu mehreren, end- und achselständig, Domblätter gelb, Hängeblätter gelbweiß mit roten Adern, V–VI.
Frucht: 3-klappige Kapsel.
Standort: Durchlässige, magere Böden in voller Sonne, kalkliebend.
Lebensbereiche: <u>FS,1,so</u>: Felssteppe; trocken; sonnig. Auch <u>Steinanlagen</u>.
Verwendung: Im Steingarten und sonnigen Wildstaudenbereich.
Vermehrung: Teilung nach der Blüte im Sommer. Aussaat.
Hinweis: Verträgt keine Winternässe. **Geschützte Wildpflanze.**

60–80/ 80– 100 cm	20/ 40 cm
VI	V–VI
–	–
II	II
6	6–11

Jovibarba heuffelii
Wirbel-Steinwurz
Crassulaceae, Dickblattgewächse

Heimat: SO-Europa.
Wuchsform: Rosettenpolster, rübenartige Wurzel.
Blatt: Dickfleischig, oval, zugespitzt, graugrün, immergrün.
Blüte: Röhrenblüten glockig, in dichtem Blütenschopf, gelb-weiß, VI–VIII.
Frucht: Mehrteilige kleine Kapseln, sternförmig, Samen winzig.
Standort: In Kalkfelsfugen der Berge.
Lebensbereiche: SF,1,so: Steinfugen; trocken, sonnig. Auch Mauerkronen und Steinanlagen.
Verwendung: Steingärten, Mauerfugen, extensive Dachbegrünung, Tröge.
Vermehrung: Aussaat im Winter, Teilung der älteren Rosetten schwierig.
Sorte: 'Bronze Ingot', 'Cameo', 'Beacon Hill', auch mehrere Lokalformen.
Hinweis: Staunässe vermeiden!
Geschützte Wildpflanze.

Jovibarba sobolifera
Kugelige Wirbel-Steinwurz,
Jupiterbart
Crassulaceae, Dickblattgewächse

Heimat: Mitte bis O-Europa.
Wuchsform: Kugelige Rosette, Nebenrosetten an dünnen Stolonen, Polster bildend.
Blatt: Lanzettlich, in kugeligen Rosetten angeordnet, 2 cm hellgrün.
Blüte: Lockerer Blütenschopf, 6 gefranste Petale, Trichterblüten grüngelb, VI–VII.
Frucht: Mehrteilige kleine Kapseln, sternförmig, winzige Samen.

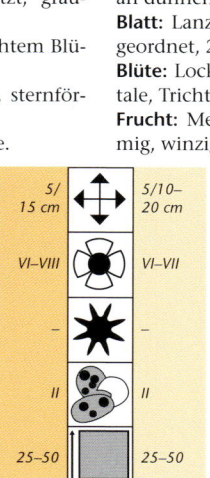

5/ 15 cm	5/10– 20 cm
VI–VIII	VI–VII
–	–
II	II
25–50	25–50

Standort: Magere, durchlässige Böden in voller Sonne, oft in Felsnischen.
Lebensbereiche: SF,1,so: Steinfugen; trocken, sonnig. Auch Mauerkronen und Steinanlagen.
Verwendung: Steingärten, Mauerfugen, extensive Dachbegrünung, Tröge. Begrünung von Kiesdächern.
Vermehrung: Tochterrosetten abnehmen, ganzjährig möglich.
Hinweis: Geschützte Wildpflanze.

Kniphofia-Sorten
Garten-Fackellilie
Asphodelaceae, Junkerlilien-
gewächse

Heimat: Züchtung, die Arten aus S-Afrika.
Wuchsform: Straff aufrecht, die Blätter überhängend, horstig.
Blatt: Schmal, gekielt, ausladend bis überhängend, wintergrün.
Blüte: Runder, blattloser Schaft endet in
15–30 cm langen Ähren, Einzelblüte röhrig,
2–4 cm lang, orange und gelb, VII–IX.
Frucht: Kugelig, wird bei uns selten ausgebil-
det.
Standort: Durchlässige Böden in
voller Sonne. Gut vor Gebäuden.
Lebensbereiche: <u>B,1–2,so</u>: Beet;
trocken bis frisch; sonnig. Auch
<u>Freifläche</u>.
Verwendung: Einzeln in Staudenbeeten. Schnittpflanze.
Vermehrung: Teilung im April.
Sorte: 'Canary', goldgelb; 'Ex-
press Hybrids', orange; 'Prince
Igor', orange (Bild); 'Royal Stan-
dard', gelb mit orangerot, beste
Schnittsorte.

Lamium galeobdolon
Gold-Taubnessel
Lamiaceae, Taubnesselgewächse

Heimat: Europa, Kleinasien.
Wuchsform: Flach ausgebreitet, oberirdisch
wuchernd, auch rankend.
Blatt: Oval zugespitzt, Rand gezähnt, gegenständig, grün, wintergrün.
Blüte: In Etagen quirlständig, Lippenblüte
gelb, V–VI.
Frucht: Nüsschen.
Standort: Waldränder, auch im Schatten
meist kalkarmer Böden.
Lebensbereiche: <u>G,2,hs–sch</u>: Gehölz; frisch; halbschattig bis
schattig. Auch <u>Gehölzrand</u>.
Verwendung: Als Bodendecker
unter und vor Gehölzen. Heilpflanze.
Vermehrung: Teilung, Abtrennen der bewurzelten Ranken.
Sorte: 'Florentinum', <u>w</u>, weiß gefleckt, stark wachsend (Bild); 'Silberteppich', schwacher Wuchs.
Hinweis: Kann Unkraut verdrängen.

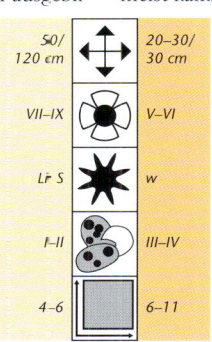

50/ 120 cm	20–30/ 30 cm
VII–IX	V–VI
LF S	w
I–II	III–IV
4–6	6–11

Lamium orvala
Großblütige Taubnessel
Lamiaceae, Taubnesselgewächse

Heimat: S- bis O-Europa.
Wuchsform: Aufrecht, lockerhorstig.
Blatt: Oval zugespitzt, gegenständig, Rand gezähnt, grün.
Blüte: Lippenblüte groß, in Etagen, quirlständig, braunrot, V–VI.
Frucht: Nüsschen.
Standort: Waldränder, auch im Schatten meist kalkarmer Böden. Hohe Luftfeuchtigkeit.
Lebensbereiche: GR,2,hs–sch: Gehölzrand; frisch; halbschattig bis schattig. Auch Gehölz.
Verwendung: Einzeln unter und vor Gehölzen.
Vermehrung: Teilung, Aussaat.
Hinweis: Selbstaussaat an geeigneten Standorten.

Leontopodium alpinum
Edelweiß
Asteraceae, Asterngewächse

Heimat: Alpen, Pyrenäen, Karpaten.
Wuchsform: Polsterartig, horstbildend.
Blatt: Lineal-lanzettlich, graugrün.
Blüte: Winzige, gelbe Röhrenblüten, auffällige, silberwollige Hochblätter, VI–VIII.
Fruchtstand/Frucht: Trugdolde, Samen mit Pappus.
Standort: Magere Bergwiesen, vorwiegend auf Kalk, sonnig.
Lebensbereiche: SF,2,so: Steinfugen; frisch; sonnig. Auch Matten, Alpinum.
Verwendung: Einzeln oder in kleinen Trupps im Steingarten.
Vermehrung: Teilung im Vorfrühling, Aussaat im Februar (Kaltkeimer).
Sorte: 'Mignon', nur 10 cm hoch, dicht.
Ähnliche Art: *L. souliei* aus Yunnan ist im Garten dankbarer, darf aber im Sommer nicht austrocknen.
Hinweis: Im Tiefland können die Blütensterne grau werden.

40/60 cm	10/15 cm
V–VI	VI–VIII
w	w
II–III	I
4–6	25

Leucanthemum maximum
Sommer-Margerite
Asteraceae, Asterngewächse

Heimat: Züchtung. Die Art stammt aus den Pyrenäen.
Wuchsform: Aufrecht, lockerhorstig.
Blatt: Lanzettlich, am Rand gezähnt, bis 12 cm lang, dunkelgrün.
Blüte: Blütenköpfe bis 10 cm groß, weiße Zungenblüten um gelbe Mitte, VII–IX.
Fruchtstand/Frucht: Körbchen, Samen länglich.
Standort: Tiefgründige, nährstoffreiche Böden in voller Sonne.
Lebensbereiche: <u>B,2,so</u>: Beet; frisch; sonnig.
Verwendung: Beete, Rabatten. Schnittpflanze.
Vermehrung: Teilung im Vorfrühling.
Sorte: 'Beethoven', **; 'Christine Hagemann', **, gefüllt; 'Wirral Supreme', *, gefüllt (Bild).

Leucojum vernum
Märzenbecher, Frühlings-Knotenblume
Amaryllidaceae, Amaryllisgewächse

Heimat: Mitteleuropa, S-Europa.
Wuchsform: Blätter überhängend, Blüten aufrecht, horstige Zwiebelpflanze. Zieht nach der Blüte ein.
Blatt: Linealisch, glänzend, dunkelgrün.
Blüte: Glockig, 1- bis 2-blütig, hängend, weiß.
Frucht: Hängende Beere, selten.
Standort: Frische, feuchte, nährstoffreiche, lehmige Böden, die auch im Sommer nicht austrocknen.
Lebensbereiche: <u>GR,2–3,so–hs</u>: Gehölzrand; frisch bis feucht; sonnig bis halbschattig.
Verwendung: Offene oder nur locker mit Stauden und Gräsern bepflanzte Flächen. Flächig.
Vermehrung: Samen und Brutzwiebeln (Sommer).
Hinweis: Nach der Blüte verpflanzen. Zwiebeln nicht austrocknen lassen **Geschützte Wildpflanze**.

20/60–100 cm		20/30 cm
VII–IX		III–IV
S		<u>w</u>
II		III
6		25

Liatris spicata

Prachtscharte
Asteraceae, Asterngewächse

Heimat: Östliches und südliches N-Amerika.
Wuchsform: Straff aufrecht, horstig.
Blatt: Linealisch, grün, Stängel beblättert.
Blüte: Blütenkörbchen zu vielen an einem
ährigen Blütenstand, lila, blüht von oben
nach unten! VII–X.
Fruchtstand: Körbchen.
Standort: Feuchte Wiesen in voller Sonne.
Lebensbereiche: Fr,2,so, –b: Freifläche; frisch;
sonnig; beetstaudenähnlich. Auch Beet.
Verwendung: Einzeln oder in
kleinen Gruppen auf Stauden-
beeten. Schnittpflanze. Bienen-
weide. Blüten ziehen Schmetter-
linge an.
Vermehrung: Teilung des knol-
lenartig verdickten Wurzelstocks
im Frühling.
Sorte: 'Kobold', **, 40 cm, lila;
'Floristan Weiß', **, 90 cm (Bild),
Samen fällt sortenecht.
Hinweis: Andere Arten eignen
sich eher für trockene Plätze z.B.
L. pycnostachya.

Ligularia przewalskii
Kerzen-Goldkolben
Asteraceae, Asterngewächse

Heimat: Nordchina.
Wuchsform: Buschig, horstig.
Blatt: Tief handförmig gelappt, am Rand stark
eingeschnitten.
Blüte: Körbchen mit gelben Zungenblüten, in
ährigen Trugdolden über dem Laub, VII–VIII.
Fruchtstand: Körbchen.
Standort: Humose, auch feuchte Standorte
im Halbschatten.
Lebensbereiche: GR,2–3,hs, –b: Gehölzrand;
frisch bis feucht; halbschattig;
beetstaudenähnlich. Auch Frei-
fläche und Wasserrand.
Verwendung: Als ornamentale
Solitärstaude an feuchteren Plät-
zen.
Vermehrung: Teilung im Früh-
ling.
Ähnliche Art: *L. stenocephala,* **,
bis 180 cm hoch, gelb.
Hinweis: Empfindlich gegen
Hitze und Trockenheit. Blätter
welken rasch bei Besonnung.
Vor Schnecken schützen.

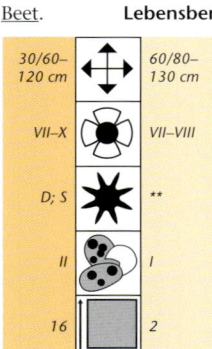

30/60–120 cm	60/80–130 cm
VII–X	VII–VIII
D; S	**
II	I
16	2

Lilium bulbiferum
Feuer-Lilie
Liliaceae, Liliengewächse

Heimat: Alpen, Dolomiten, Pyrenäen, Balkan.
Wuchsform: Aufrechte, horstbildende Zwiebelpflanze.
Blatt: Lanzettlich, grün, Stängel beblättert.
Blüte: Große Trichterblüten am Stielende, leuchtend rot-orange, VI–VII.
Frucht: Kapsel.
Standort: Bergwiesen der Kalkalpen, sonnige, durchlässige Humusböden.
Lebensbereiche: Fr,2,so: Freifläche; frisch; sonnig. Auch Gehölzrand.
Verwendung: An sonnigen Plätzen im Garten und Park.
Vermehrung: Aussaat, Abtrennen der Zwiebelschuppen, Achselbulben.
Unterarten: *L. bulbiferum* subsp. *bulbiferum*, Oberbayern, Thüringen, Achselbulben, 120 cm; *L. b.* subsp. *croceum,* Alpen, Italien, Korsika, ohne Achselbulben, 80 cm. Anspruchsloser in der Gartenkultur. Alle sind **geschützte Wildpflanzen**.

Lilium candidum
Madonnen-Lilie
Liliaceae, Liliengewächse

Heimat: Östliches Mittelmeergebiet, SW-Asien.
Wuchsform: Aufrechte, horstbildende Zwiebelpflanze. Zieht nach der Blüte ein.
Blatt: Breitlanzettlich, grün, Stängel beblättert. Treibt im September aus, überdauert den Winter als Blattschopf.
Blüte: Große Trichterblüten am Stielende, bis 15 cm, weiß, stark duftend, VI–VII.
Frucht: Kapsel aufrecht.
Standort: Sonnige, durchlässige Humusböden, aber auch mittelschwere dränierte Lehmböden.
Lebensbereiche: B,2,so: Beet; frisch; sonnig. Auch Freifläche.
Verwendung: An sonnigen Plätzen im Garten und Park. Heilpflanze.
Vermehrung: Aussaat, Abtrennen der Zwiebelschuppen.
Hinweis: Vor Schnecken schützen. Zwiebel bis Ende August pflanzen.

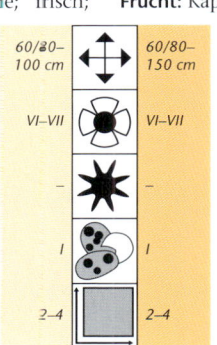

60/80–100 cm		60/80–150 cm
VI–VII		VI–VII
–		–
I		I
2–4		2–4

Lilium-Sorten
Garten-Lilien
Liliaceae, Liliengewächse

Heimat: Züchtung.
Wuchsform: Aufrechte, horstbildende Zwiebelpflanze.
Blatt: Breit-lanzettlich, grün.
Blüte: Große Trichterblüten am Stielende, in vielen Farben je nach Sorte, VI–VII.
Frucht: Kapsel.
Standort: Sonnige, meist saure, durchlässige Humusböden.
Lebensbereiche: <u>B,2,so</u>: Beet; frisch; sonnig. Auch <u>Gehölzrand</u>.
Verwendung: An sonnigen Plätzen im Garten und Park. Schnittpflanze.
Vermehrung: Aussaat, Abtrennen der Zwiebelschuppen.
Sorte: 'Cinnabar', 80 cm, dunkelrot; 'Enchantment, rot; 'Schellenbaum', (Bild), rot, 180 cm.
Hinweis: Vor Schnecken schützen.

Lilium martagon
Türkenbund-Lilie
Liliaceae, Liliengewächse

Heimat: Europa, Sibirien.
Wuchsform: Aufrechte, horstbildende Zwiebelpflanze.
Blatt: Breit-lanzettlich, grün, Stängel beblättert, in Quirlen angeordnet.
Blüte: Trichterblüten am Stielende, Blumenblätter umgerollt, leuchtend weinrot bis dunkelviolett, gefleckt, VI–VII.
Frucht: Kapsel.
Standort: Durchlässige Kalk-Humusböden im Halbschatten.
Lebensbereiche: <u>G,2,hs</u>: Gehölz; frisch; halbschattig. Auch <u>Gehölzrand</u>.
Verwendung: An weniger sonnigen Plätzen im Garten und Park.
Vermehrung: Aussaat, Abtrennen der Zwiebelschuppen.
Sorte: 'Album', weiß, 80 cm (Bild); 'Cattaniae', weinrot.
Hinweis: Vor Schnecken schützen.

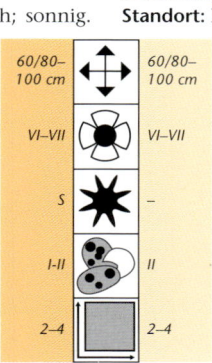

60/80–100 cm		60/80–100 cm
VI–VII		VI–VII
S		–
I–II		II
2–4		2–4

Lilium pyrenaicum
Pyrenäen-Lilie
Liliaceae, Liliengewächse

Heimat: Pyrenäen.
Wuchsform: Aufrechte, horstbildende Zwiebelpflanze.
Blatt: Lanzettlich, grün mit hellem Rand, Stängel beblättert.
Blüte: Große Trichterblüten, Blumenblätter umgerollt, leuchtend gelb, V–VI.
Frucht: Kapsel.
Standort: Bergwiesen der Pyrenäen, sonnige, durchlässige Humusböden. Aber auch dränierte mittelschwere Lehmböden.
Lebensbereiche: <u>Fr,2,so</u>: Freifläche; frisch; sonnig. Auch <u>Alpinum</u>.
Verwendung: An sonnigen Plätzen im Steingarten.
Vermehrung: Aussaat, Abtrennen der Zwiebelschuppen.
Hinweis: Vor Schnecken schützen.

Linum narbonense
Südfranzösischer Lein
Linaceae, Leingewächse

Heimat: Westlicher Mittelmeerraum.
Wuchsform: Aufrecht, locker überhängend, horstig.
Blatt: Lineal, kurz, grün, Stängel beblättert.
Blüte: Schalenförmig, in Doldentrauben, blau, V–VIII.
Frucht: Kugelige Kapsel.
Standort: Durchlässige Kalkböden in voller Sonne.
Lebensbereiche: <u>SH,1,so</u>: Steppenheide; trocken; sonnig.
Verwendung: Zur Auflockerung von Wildstaudenpflanzungen. Dachbegrünung.
Vermehrung: Aussaat im Frühling. Sorten nur durch Stecklinge vermehren.
Sorte: 'Heavenly Blue', w, niedriger, dunkelblau.
Hinweis: Einzelblüten halten auf den Beeten nur bis zum Nachmittag.

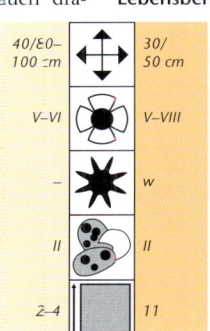

40/80–100 cm		30/50 cm
V–VI		V–VIII
–		w
	II	II
2–4		11

 Liriope muscari
Liriope, Lilientraube
Convallariaceae, Maiglöckchen-
gewächse

Heimat: China, Japan.
Wuchsform: Lockerrasig, gebogen, horstig.
Blatt: Lineal-lanzettlich, grasartig, dunkel-grün, immergrün.
Blüte: Dichte Blütentraube mit kleinen, violetten Einzelblütchen, VIII–IX.
Frucht: Kleine Steinfrüchte.
Standort: Durchlässige, humusreiche, saure Böden im Halbschatten.
Lebensbereiche: GR,2,hs–sch: Gehölzrand; frisch; halbschattig bis schattig. Auch Steinanlagen.
Verwendung: Einzeln oder in kleinen Gruppen zu Gehölzen, auch zur Flächenbepflanzung.
Vermehrung: Teilung im Frühling. Auch Aussaat.
Sorte: 'Big Blue', 50 cm, blauviolett.
Hinweis: Wertvoller Sommerblüher für den Schattenbereich. In strengen Wintern Schutz durch Reisigdecke.

 Lobelia cardinalis
Kardinals-Lobelie, Leuchtende
Lobelie
Campanulaceae, Glockenblumen-
gewächse

Heimat: Östliches N-Amerika.
Wuchsform: Aufrecht, horstig.
Blatt: Verkehrt eiförmig, ganzrandig, grün.
Blüte: In Doldentrauben, 3-teilig gelappte Einzelblüte, leuchtend rot, VII–IX.
Frucht: Kapsel.
Standort: Durchlässige, humose, nährstoffreiche Böden, sonnig.
Lebensbereiche: Fr,3,so: Freifläche; feucht; sonnig. Auch Wasserrand, sumpfig.
Verwendung: Einzeln oder in kleinen Gruppen an feuchten Plätzen.
Vermehrung: Teilung, Aussaat im Frühling.
Hinweis: Spätblüher mit leuchtender, außergewöhnlicher Blütenfarbe.

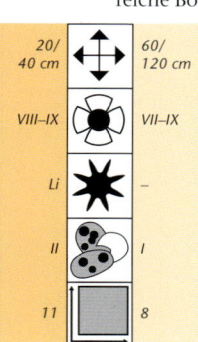

20/40 cm		60/120 cm
VIII–IX		VII–IX
Li		–
II		I
11		8

Lupinus polyphyllus
Garten-Lupine
Fabaceae, Schmetterlingsblütler

Heimat: Züchtung, Art aus N-Amerika.
Wuchsform: Aufrecht, horstig. An den Wurzeln Knöllchen (Knöllchenbakterien sammeln Stickstoff). Stiele hohl.
Blatt: Im Umriss rund, handförmig geteilt, lang gestielt, leicht behaart, hellgrün.
Blüte: Trauben bis 50 cm über dem Laub, Einzelblüten 2 cm, in vielen Farben, VI– VIII.
Frucht: Hülse 4–6 cm lang, Samen 3 mm groß, braun.
Standort: Durchlässige, humose, meist kalkarme Böden in voller Sonne.
Lebensbereiche: Fr,2,so: Freifläche; frisch, sonnig. Auch Gehölzrand.
Verwendung: Im Staudenbeet wichtiger Vorsommerblüher. Schnittpflanze.
Vermehrung: Ausaat, Stecklinge mit Wurzelansatz (Rübenartige Wurzel).
Sorte: 'Edelknabe', karminrot mit violett. Viele weitere Sorten.

Luzula nivea
Schnee-Marbel
Juncaceae, Binsengewächse

Heimat: Alpen, Apennin, Pyrenäen.
Wuchsform: Aufrecht, leicht überhängend, horstig.
Blatt: Schmal, am Rand behaart, immergrün.
Blüte: Gedrungene Rispe. Blüten in Büscheln am Ende der Stiele, weiß, VI–VII.
Fruchtstand/Frucht: Braune Büschel, Karyopse.
Standort: Durchlässige, humose, auch sandige Böden im Halbschatten.
Lebensbereiche: GR,2,hs–sch: Gehölzrand; frisch; halbschattig bis schattig. Auch Gehölz.
Verwendung: In grössern Gruppen, wirkt auch in der Fläche, vor Gehölzen. Schnittpflanze. Trockenbinderei.
Vermehrung: Teilung und Ausaat im Frühling.
Sorte: 'Schneehäschen', 'Silberglanz', kleinwüchsige Auslesen.
Hinweis: Selbstaussat an geeigneten Stellen.

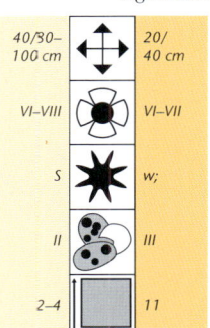

40/30–100 cm	20/40 cm
VI–VIII	VI–VII
S	w;
II	III
2–4	11

Luzula sylvatica

Wald-Marbel
Juncaceae, Binsengewächse

Heimat: Europa, W-Kaukasus.
Wuchsform: Aufrecht, bogig ausladend, lockerhorstig.
Blatt: Schmal, dunkelgrün, wintergrün.
Blüte: Gedrungene Rispe, hellbraun, in lockeren Büscheln am Ende der Stiele, IV–VI.
Fruchtstand/Frucht: Braune Büschel, Karyopse.
Standort: Durchlässige, humose, auch sandige Böden im Halbschatten.
Lebensbereiche: <u>G,2,hs–sch</u>: Gehölz; frisch; halbschattig bis schattig. Auch <u>Gehölzrand</u>.
Verwendung: In grössern Gruppen, wirkt auch in der Fläche, unter Gehölzen. Bodendecker.
Vermehrung: Teilung und Aussaat im Frühling.
Sorte: 'Farnfreund', <u>w</u>, kompakt; 'Tauernpass', w, starke Bestockung, Flächendecker (Bild).
Hinweis: Selbstaussaat an geeignetem Standort.

Lychnis viscaria
Pechnelke
Caryophyllaceae, Nelkengewächse

Heimat: Europa, Kaukasus, W-Sibirien.
Wuchsform: Aufrecht, horstig. Stängel mit Knoten, dort klebrig.
Blatt: Lineal-lanzettlich, wintergrün.
Blüte: In Büscheln am Ende der Stiele, violettrosa, V–VI.
Frucht: Kapsel.
Standort: Humusarme, durchlässige, saure Heideböden in voller Sonne.
Lebensbereiche: <u>Fr,1,so</u>: Freifläche; trocken, sonnig. Auch <u>Heide</u> und <u>Matten</u>.
Verwendung: In kleinen Gruppen in Heidegärten, extensive Dachbegrünung.
Vermehrung: Teilung im Frühling. Aussaat.
Sorte: 'Plena', *, dunkelrosa, gefüllt (Bild). Schnittpflanze.
Unterart: *L. v.* subsp. *atropurpurea* 'Kugelblitz', violett, nur 20 cm hohes, dichtes Polster.

20/50 cm	↔	10–15/40–50 cm
IV–VI	✿	V–VI
<u>w</u>;	✴	w
II–IV	🎔	II
11	▢	11

 **Lysichiton americanus**
Gelbe Scheinkalla
Araceae, Aronstabgewächse

Heimat: N-Amerika.
Wuchsform: Aufrecht, locker, rhizombildend.
Blatt: Verkehrt-eiförmig, riesig, 30 cm breit, erscheint nach der Blüte.
Blüte: Kolben mit gelber Spatha, 25 cm lang, 12 cm breit, IV–V.
Frucht: Kolben.
Standort: Schwere, humusreiche Böden, sumpfiges Gelände.
Lebensbereiche: <u>WR,4,so–hs</u>: Wasserrand; sumpfig; sonnig bis halbschattig.
Verwendung: Sumpf- und Wassergärten, zusammen mit Primelarten.
Vermehrung: Teilung der Rhizome im Frühling.
Ähnliche Art: *L. camtschatcensis*, weiße Spatha, Li.
Hinweis: Auffälliger Vorfrühlingsblüher, benötigt viel Platz!

Lysimachia nummularia
Pfennigkraut
Primulaceae, Primelgewächse

Heimat: Europa, Kaukasus.
Wuchsform: Teppichartig kriechend, oberirdische Ausläufer bildend.
Blatt: Rundlich, kreuzgegenständig angeordnet, dem Boden flach aufliegend, grün.
Blüte: Schalenblüte achselständig, gelb, V–VII.
Frucht: Kleine Kapseln.
Standort: Feuchte Wiesengräben, Bachränder, meist sonnig. Standorte dürfen nicht austrocknen.
Lebensbereiche: <u>GR,2–3,so–hs</u>: Gehölzrand; frisch bis feucht; sonnig bis halbschattig. Auch <u>Freifläche</u> und <u>Wasserrand</u>.
Verwendung: Wichtiger Bodendecker für Teich- und Bachränder, auch Grabstätten.
Vermehrung: Teilung der Triebe, bewurzelt sich an den Knoten.
Sorte: 'Aurea', Li, goldgelbes Laub.

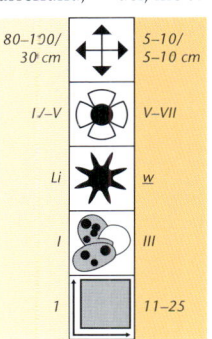

80–100/ 30 cm	5–10/ 5–10 cm
IV–V	V–VII
Li	<u>w</u>
I	III
1	11–25

Lythrum salicaria

Blut-Weiderich
Lythraceae, Weiderichgewächse

Heimat: Asien, Europa, Mittelmeergebiete, N-Amerika.
Wuchsform: Straff aufrecht, horstig.
Blatt: Lanzettlich, ganzrandig, grün.
Blüte: In ährigem Blütenstand, achselständig, violettrosa, VI–VIII.
Frucht: Kleine Kapsel.
Standort: Wassernahe Plätze, an Gräben, kalkarmen Feuchtwiesen und Mooren.
Lebensbereiche: <u>Fr,3,so</u>: Freifläche; feucht, sonnig. Auch <u>Wasserrand</u>.
Verwendung: In kleinen Trupps an Teichen, Naturgärten und Bächen. Schnittpflanze. Trockenbinderei.
Vermehrung: Aussaat im Vorfrühling oder Stecklinge bei Sorten.
Sorte: 'Feuerkerze', *, rosarot; 'The Beacon', dunkelrot, 80 cm.
Hinweis: Breitet sich durch Selbstaussaat an geeigneten Standorten aus.

Macleaya cordata
Federmohn
Papaveraceae, Mohngewächse

Heimat: China, Japan.
Wuchsform: Aufrecht, ausläufertreibend. Stiele mit bräunlichem Milchsaft.
Blatt: Rundlich-herzförmig, lappig ausgebuchtet, blaugrün, unterseits weiß.
Blüte: Doldenrispe, über dem Laub, blassgelb, ohne Kronblätter, daher keine Fernwirkung, VII–VIII.
Frucht: Winzige Kapseln.
Standort: Vor Gehölzen an meist trockenen Plätzen, normale Böden.
Lebensbereiche: <u>Fr,1–2,so–abs</u>: Freifläche; trocken bis frisch; sonnig bis absonnig. Auch <u>Gehölzrand</u>.
Verwendung: Vor Mauern und Gebäuden in Einzelstellung.
Vermehrung: Teilung und Wurzelschnittlinge.
Hinweis: Begrenzen des Wurzelwachstums durch Dachpappe, Betonring oder Folie.

100/120 cm	150/200–300 cm
VI–VIII	VII–VIII
w	w
II	I
3–6	1–4

Matteuccia struthiopteris
Straußfarn, Trichterfarn
Woodsiaceae, Wimpernfarn-
gewächse

Heimat: Europa bis China.
Wuchsform: Straff aufrecht, ausläuferbildend.
Blatt: Wedel steril, doppelt gefiedert, bilden einen Trichter, hellgrün, im Herbst gelbbraun. Fertile Wedel (Sporophylle) steif aufrecht, 80 cm lang, grün, später braun, zieren im Winter.
Standort: Humusreiche Waldböden, an Bächen der Mittelgebirge, alpine Schwemmlandböden.
Lebensbereiche: G,2–3,hs–sch: Gehölz; frisch bis feucht; halbschattig bis schattig. Gehölzrand.
Verwendung: Einzeln oder in Gruppen unter Laubbäumen oder in Teichnähe. Trockenbinderei.
Vermehrung: Abtrennen der Ausläufer und durch Sporen, die im Winter reifen.
Hinweis: Breitet sich stark aus, kann lästig werden.

Meconopsis betonicifolia
Tibet-Scheinmohn
Papaveraceae, Mohngewächse

Heimat: Oberburma, Tibet, Westchina, zwischen 3000 und 4000 m ü.d.M.
Wuchsform: Aufrecht, horstig.
Blatt: Verkehrt-eiförmig, gekerbt, bräunlich behaart, grün.
Blüte: In den oberen Blattachseln entspringend, 4-petalig, große Blüten himmelblau, gelbe Staubgefäße, VI–VII.
Frucht: Längliche Kapsel (Streufrucht).
Standort: Humusreiche, kalkarme Böden im Halbschatten.
Lebensbereiche: GR,2,so–hs: Gehölzrand; frisch; sonnig bis halbschattig. Auch Steinanlagen.
Verwendung: Einzeln oder in kleinen Gruppen zu Rhododendron, in größeren Steingärten.
Vermehrung: Aussaat im Frühling unter Glas.
Ähnliche Art: *M. cambrica*, Waldscheinmohn aus W-Europa blüht gelb, 40 cm, anspruchslos.
Hinweis: Abgeblühte Stängel bald abschneiden.

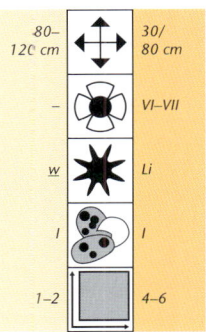

80–120 cm	30/80 cm
–	VI–VII
w	Li
I	I
1–2	4–6

 Melica ciliata
Wimper-Perlgras
Poaceae, Süßgräser

 Menyanthes trifoliata
Fieberklee
Menyanthaceae, Fieberklee-
gewächse

Heimat: Europa, Kaukasus.
Wuchsform: Buschig, aufrecht, lockerhorstig.
Blatt: Schmal, matt grau-grün.
Blüte: Ährenrispe zylindrisch, bei der Reife gelbweiß, V–VII.
Frucht: Karyopse, stark bewimpert.
Standort: Sonnige Kalkfelsen und Berghänge, durchlässige Magerböden.
Lebensbereiche: <u>FS,1,so</u>: Felssteppe, trocken; sonnig. Auch <u>Steppenheide</u> und <u>Steinanlagen</u>.
Verwendung: Extensive Dachbegrünung, Geröllhänge und andere Steppenpflanzungen. Schnittpflanze. Trockenbinderei
Vermehrung: Aussaat problemlos, sät sich oft selbst aus.

Heimat: Kaukasus, Sibirien, Mittelasien.
Wuchsform: Niederliegend, meterlange Triebe liegen auf dem Wasser. Blütentriebe aufrecht.
Blatt: 3-teilig, gestielt, grün, eiförmige Fieder.
Blüte: 5-teilig, stark gefranst, an aufrechtem Blütenschaft traubig angeordnet, weiß, V–VI.
Frucht: Kugelig, erst grün, später braun.
Standort: Kalkarm. Flach- und Quellmoore, überschwemmte Böden.
Lebensbereiche: <u>WR,4–5,so–hs</u>: Wasserrand; sumpfig bis flaches Wasser; sonnig bis halbschattig. Auch <u>Freifläche</u>.
Verwendung: Für kleinere und größere Wasser- und Sumpfanlagen. Heilpflanze.
Vermehrung: Rhizomteilung.
Hinweis: Geschützte Wildpflanze.

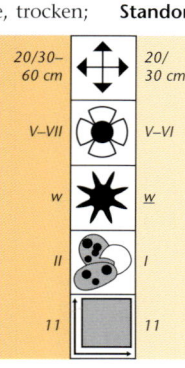

20/30–60 cm	20/30 cm
V–VII	V–VI
w	<u>w</u>
II	I
11	11

Miscanthus floridulus
(Syn.: M. japonicus)
Riesen-Japan-Schilf
Poaceae, Süßgräser

Heimat: Asien.

Wuchsform: Steif aufrechte Triebe, Blätter überhängend, horstig.

Blatt: Breit-lineal, 60 cm lang, grün, im Herbst gelbbraun, Triebe locker beblättert.

Blüte: Selten zu sehende Blütenrispen, erscheinen nach warmen Sommern, IX–X. Blütenstand endständig, über dem Laub, 30 cm lang.

Frucht: Karyopsen reifen bei uns nicht aus.

Standort: Nährstoffreiche, tiefgründige Böden in sonnigen Lagen.

Lebensbereiche: <u>Fr,2,so</u>: Freifläche; frisch; sonnig.

Verwendung: Einzeln vor Gebäuden in großen Gärten und Parks. Trockenbinderei.

Vermehrung: Teilung im Frühling.

Hinweis: Rückschnitt im Vorfrühling.

Miscanthus sinensis 'Gracillimus'
Feinhalm-Chinaschilf
Poaceae, Süßgräser

Heimat: Züchtung.

Wuchsform: Aufrecht, Spitzen überhängend, lockerhorstig.

Blatt: Schmal, bandartig, etwa 60 cm lang, rollt sich bei Trockenheit ein.

Blüte: Silbrige Blütenrispen, erscheinen nur nach warmen Sommern, selten, IX–X.

Fruchtstand/Frucht: Karyopsen reifen nur selten in unserem Klima.

Standort: Durchlässige, nährstoffreiche Böden in voller Sonne.

Lebensbereiche: <u>Fr,2,so</u>, <u>–b</u>: Freifläche; frisch; sonnig; beetstaudenähnlich. Auch <u>Beet</u>.

Verwendung: Einzeln oder in kleinen Gruppen vor Gebäuden, Staudenbeeten.

Vermehrung: Teilung im Vorfrühling.

Hinweis: Blüht nur nach warmen Sommern.

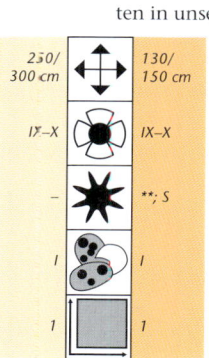

	250/300 cm	130/150 cm
	IX–X	IX–X
	–	**; S
	I	I
	I	I

Miscanthus sinensis 'Silberfeder'

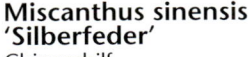

Chinaschilf
Poaceae, Süßgräser

Heimat: Züchtung.
Wuchsform: Aufrecht bis überhängend, lockerhorstig.
Blatt: Schmal, bandartig, ca. 60 cm lang.
Blüte: Silbrige Blütenrispen, VIII–X, erscheinen regelmässig.
Frucht: Karyopse.
Standort: Durchlässige, nährstoffreiche Böden in voller Sonne.
Lebensbereiche: <u>Fr,2,so, –b</u>: Freifläche; frisch; sonnig; beetstaudenähnlich. Auch <u>Beet</u>.
Verwendung: Einzeln oder in kleinen Gruppen vor Gebäuden, Staudenbeeten.
Vermehrung: Teilung im Vorfrühling.
Hinweis: Blüht regelmäßig.

Molinia arundinacea

Rohr-Pfeifengras
Poaceae, Süßgräser

Heimat: Europa.
Wuchsform: Aufrecht, horstig.
Blatt: Breit-lineal, grün, im Herbst goldgelb.
Blüte: Gelbgrün, an steifen, knotenlosen Halmen, Rispen verzweigt, VIII–X.
Fruchtstand/Frucht: Karyopsen an verzweigten Rispen.
Standort: Durchlässige Böden in voller Sonne.
Lebensbereiche: <u>Fr,2–3,so–hs</u>: Freifläche; frisch bis feucht; sonnig bis halbschattig. <u>Gehölzrand</u>.
Verwendung: Einzeln in größeren Gärten, am trockenen Teichrand. Schnittpflanze. Trockenbinderei.
Vermehrung: Teilung im Vorfrühling.
Sorte: 'Karl Foerster', <u>w</u>, 200 cm (Bild); 'Transparent', <u>w</u>, 180 cm.
Hinweis: Stattliches Gras.

130/200 cm	60/120–180 cm
VIII–X	VIII–X
***; S	–
I	I
I	I

Molinia caerulea
Moor-Pfeifengras
Poaceae, Süßgräser

Heimat: Europa.
Wuchsform: Aufrecht, horstig.
Blatt: Lineal, grün, im Herbst goldgelb.
Blüte: Fast schwarz, an steifen, knotenlosen Halmen, Rispen anliegend verzweigt, VIII–X.
Fruchtstand/Frucht: Karyopsen an Rispen.
Standort: Durchlässige, kalkarme, humose Böden in voller Sonne. Charakterpflanze der Heiden.
Lebensbereiche: <u>H,2–3,so–hs</u>: Heide; frisch bis feucht; sonnig bis halbschattig. <u>Freifläche, Gehölzrand</u>.
Verwendung: Einzeln oder in kleinen Gruppen in Heidegärten, Teichrand. Schnittpflanze. Trockenbinderei.
Vermehrung: Teilung im Vorfrühling.
Sorte: 'Edith Dudszus', w, 90 cm; 'Moorhexe', w, 60 cm. (Bild: 'Strahlenquelle').
Besonderes: Halme dienten früher als Pfeifenreiniger.

Monarda-Sorten
Garten-Indianernessel
Lamiaceae, Taubnesselgewächse

Heimat: Züchtung.
Wuchsform: Aufrecht, ausläuferbildend.
Blatt: Eiförmig zugespitzt, kreuzgegenständig, flaumig behaart, grün.
Blüte: Quirlständige Köpfe in Etagen, Einzelblüte lippig, rosa, rot, weiß, VII–IX.
Frucht: Kleine Nüsschen.
Standort: Trockene Plätze in voller Sonne, normale, nährstoffreiche Gartenböden.
Lebensbereiche: <u>B,2,so</u>: Beet; frisch; sonnig. Auch für <u>Freiflächen</u>.
Verwendung: Einzeln oder in kleinen Gruppen in Staudenbeeten und Rabatten. Bienenweide. Schnittpflanze. Trockenbinderei (abgeblühte Stiele).
Vermehrung: Teilung im Vorfrühling.
Sorte: 'Adam', *, karminrot; 'Donnerwolke', **, weinrot'; 'Morgenröte', **, lachsrot.

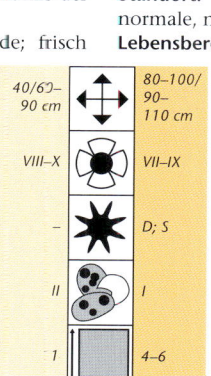

Molinia	Monarda
40/60–90 cm	80–100/90–110 cm
VIII–X	VII–IX
–	D; S
II	I
1	4–6

Muscari armeniacum
Armenische Traubenhyazinthe
Hyacinthaceae, Hyazinthen-
gewächse

Heimat: Bulgarien, Jugoslawien, Kleinasien, Kaukasus.
Wuchsform: Aufrechte Blütentrauben, Blätter bogig, horstbildende Zwiebelpflanze.
Blatt: Lineal, dunkelgrün, erscheint schon im Herbst in einer Rosette (wintergrün). Blätter ziehen nach der Blüte ein.
Blüte: Dichte Blütentraube mit kleinen, krug-förmigen Glöckchen, blau, III–IV.
Frucht: 3-klappige, kleine Kapsel, schwarze Samen.
Standort: Durchlässige Kalkbö-den in voller Sonne.
Lebensbereiche: <u>Fr,1–2,so</u>: Frei-fläche; trocken bis frisch; son-nig. Auch <u>Steinanlagen</u>.
Verwendung: In kleinen Grup-pen in meist kalkreichen Böden. Steingärten. Schnittpflanze.
Vermehrung: Teilung im Juni.
Sorte: 'Cantab', himmelblau.
Hinweis: Kugelige Zwiebel.

Myosotis scorpioides
(Syn.: Myosotis palustris)
Gewöhnliches Sumpf-Vergiss-
meinnicht
Boraginaceae, Boretschgewächse

Heimat: Europa bis Sibirien, N-Amerika.
Wuchsform: Kissenförmig, kriechend durch Ausläufer.
Blatt: Lanzettlich, glänzend, frischgrün.
Blüte: In wickelartigen, lockeren Trauben, violettblau, V–IX.
Frucht: Kleine Nüsschen.
Standort: Feuchte Wiesen, am Rand von Ge-wässern, sonnige Lagen.
Lebensbereiche: <u>WR,4,so–hs</u>: Wasserrand; sumpfig; sonnig bis halbschattig. Auch <u>Freifläche</u>.
Verwendung: In kleinen Trupps an Teichrändern. Heilpflanze.
Vermehrung: Teilung im Früh-ling, Aussaat (große Variations-breite bei Samenvermehrung).
Sorte: 'Graf Waldersee', tiefblau.

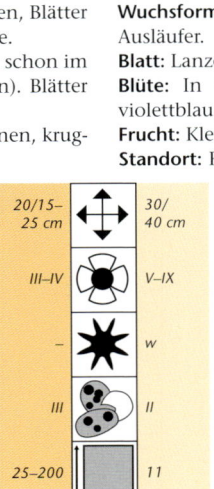

20/15–25 cm	30/40 cm
III–IV	V–IX
–	w
III	11
25–200	11

Narcissus cyclamineus
Alpenveilchen-Narzisse
Amaryllidaceae, Amaryllis-
gewächse

Heimat: Spanien bis Portugal.
Wuchsform: Aufrecht, locker-horstige Zwie-
belpflanze. Zieht nach der Blüte ein.
Blatt: Schmal-lineal, gekielt, grün.
Blüte: Nickend, goldgelb, Krone schlank, röh-
renförmig; Perianth zurückgeschlagen, II–III.
Frucht: Fleischige Kapsel, 3-teilig, wird selten
ausgebildet.
Standort: Trockene Magerwiesen, sonnig.
Lebensbereiche: <u>Fr,1–2,so</u>: Frei-
fläche; trocken bis frisch; son-
nig. Auch <u>Steinanlagen</u>.
Verwendung: In kleinen Grup-
pen für den Steingarten, Vor-
frühlingsecke unter Sträuchern.
Topftreiberei.
Vermehrung: Brutzwiebeln, im
Sommer aufnehmen, Pflanzung
ab September.
Sorte: 'February Gold', gelb;
'Jumblie', orangegelbe Röhre,
gelbes Perianth.

 Narcissus poeticus
Dichter-Narzisse
Amaryllidaceae, Amaryllis-
gewächse

Heimat: Spanien bis Griechenland.
Wuchsform: Aufrecht, lockerhorstige Zwiebelpflanze. Zieht nach der Blüte ein.
Blatt: Schmal-lineal, gekielt, grün.
Blüte: Nickend, weiß, Krönchen orange; Perianth weiß, IV–V.
Frucht: Fleischige Kapsel, 3-teilig, wird selten
ausgebildet.
Standort: Montane, nährstoffreiche Wiesen,
sonnig.
Lebensbereiche: <u>Fr,1–2,so</u>: Freifläche; trocken bis frisch; son-
nig.
Verwendung: In kleinen Gruppen auf Beeten, Vorfrühlingsecke unter Sträuchern.
Vermehrung: Brutzwiebeln, im
Sommer aufnehmen, Pflanzung
ab September.
Sorte: 'Actaea', zuverlässig.
Unterart: *N. p.* var. *recurvus* blüht
im Juni in den Bergen oberhalb
von Montreux, 40 cm, weiß.

12/15 cm	30/40 cm
II–III	IV–V
–	–
II	II
10–100	10–100

Narcissus pseudonarcissus
Trompeten-Narzisse, Osterglocke
Amaryllidaceae, Amaryllis-
gewächse

Heimat: Italien, Schweiz, W-Europa.
Wuchsform: Aufrecht, lockerhorstig Zwiebel-
pflanze. Zieht nach der Blüte ein.
Blatt: Schmal-lineal, gekielt, grün.
Blüte: Groß, röhrig, goldgelb, Krone breit; Pe-
rianth ausgebreitet, III–IV.
Frucht: Fleischige Kapsel, 3-teilig, selten.
Standort: Nährstoffreiche, sonnige Wiesen.
Lebensbereiche: <u>Fr,1–2,so</u>: Freifläche; trocken
bis frisch; sonnig.
Verwendung: In kleinen Grup-
pen für Beete, Vorfrühlingsecke.
Schnittpflanze. Treiberei.
Vermehrung: Brutzwiebeln,
Pflanzung ab September.
Sorte: Etwa 10.000 Narzissensor-
ten sind registriert worden.
Hinweis: Die Stiele sondern nach
dem Schnitt ein schleimiges Se-
kret ab, ungünstige Wirkung auf
andere Blumen in der Vase.

Nepeta × faassenii
Katzenminze
Lamiaceae, Taubnesselgewächse

Heimat: Züchtung.
Wuchsform: Buschig, horstbildend.
Blatt: Eiförmig, gekerbter Blattrand, gegen-
ständig, graugrün, Triebe dicht beblättert.
Blüte: Lippenblüten lavendelblau, in 15 cm
langen Quirlen, V–VII, nach Rückschnitt IX.
Frucht: Nüsschen, unauffällig.
Standort: Durchlässige Böden in voller
Sonne.
Lebensbereiche: <u>FS,1,so</u>: Fels-
steppe; trocken; sonnig. Auch
<u>Freifläche</u> und <u>Steinanlagen</u>.
Verwendung: Vielseitige Pflanze,
für Beeteinfassungen, zu Rosen
oder in Steingärten.
Vermehrung: Teilung im Früh-
ling und Stecklinge im Sommer.
Sorte: 'Blauknirps', 20 cm; 'Six
Hills Giant', große Katzenminze,
60 cm.
Besonderes: Duftet intensiv,
zieht Katzen an.

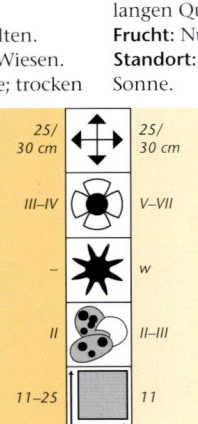

25/30 cm	25/30 cm
III–IV	V–VII
–	w
II	II–III
11–25	11

Nuphar lutea
Teichrose, Mummel
Nymphaeaceae, Seerosen-
gewächse

Heimat: Europa, Kleinasien, Sibirien.
Wuchsform: Schwimmblättrig, rhizombil-
dende Wasserpflanze. Kräftiger Wurzelstock.
Blütenhöhe: 0–10/20 cm über dem Wasser, in
0,5–3 m tiefem Wasser.
Blatt: Herz-eiförmig, 30 cm groß, ganzrandig,
glänzend grün, schwimmend bis aufrecht.
Blüte: Langgestielte Kugel, steht über dem
Wasser, goldgelb, VI–VIII.
Fruchtstand/Frucht: Flach, gold-
gelbe Narbenscheibe.
Standort: Stehende oder schwach
fließende Gewässer, 50–300 cm
tief.
Lebensbereiche: W,6,so–hs:
Wasser; Schwimmblattpflanzen;
sonnig bis halbschattig.
Verwendung: Für größere Was-
serflächen, einzeln. Heilpflanze.
Vermehrung: Teilung der Rhi-
zome im Frühling.
Hinweis: Wächst üppig in kalk-
armen, nährstoffreichen Seen.

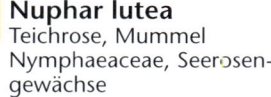

Nymphaea-Sorten
Seerose
Nymphaeaceae, Seerosen-
gewächse

Heimat: Züchtung.
Wuchsform: Schwimmblättrige Wasser-
pflanze, armdicke Rhizome waagerecht.
Blütenhöhe: 0/10 cm über dem Wasser.
Blatt: Herzförmig, 20 cm groß, oft gefleckt,
ganzrandig, glänzend grün, schwimmend.
Blüte: 10–20 cm Durchmesser, je nach Sorte
weiß, gelb, rosa, rot, schließt sich am Nach-
mittag, schwimmt auf dem Wasser, V–X.
Frucht: Kugelig, Samen steril.
Standort: Stehende kalkarme
Gewässer, 60–120 cm tief, sonnig.
Lebensbereiche: W,6,so: Wasser;
Schwimmblattpflanzen; sonnig.
Verwendung: Für kleinere und
größere Wasserflächen, einzeln.
Schnittpflanze.
Sorte: 'James Brydon', kirschrot
(Bild), 'Laydekeri Purpurata', kar-
minrot; 'Rosennymphe', rosa.
Vermehrung: Teilung.
Hinweis: Pflanzung in kräftigem
Lehmboden.

0–10/20 cm	0/10 cm
VI–VIII	V–X
w	–
1	0,3–0,5

Oenothera missouriensis
Missouri-Nachtkerze
Onagraceae, Nachtkerzen-
gewächse

Heimat: N-Amerika.

Wuchsform: Niederliegend bis aufrecht, Triebe auch herabhängend, horstig, Rüben-wurzel.

Blatt: Lanzettlich, ganzrandig, hellgrün.

Blüte: 10 cm große Trichterblüten, achsel-ständig, hellgelb, Nachtblüher. Einzelblüte kurzlebig, aber es erscheinen eine Menge Blü-ten von V–IX.

Frucht: Hellbraune Kapseln ge-flügelt, bis 10 cm lang, zahlrei-che braune Samen.

Standort: Sonnige Plätze in Ver-bindung mit Steinen, durchläs-sige Böden.

Lebensbereiche: <u>FS,1,so</u>: Fels-steppe; trocken; sonnig. Auch <u>Mauerkronen</u>, <u>Steinanlagen</u>.

Verwendung: Langblühende Steingartenpflanze. Benötigt Dränage. Bienenweide.

Vermehrung: Aussaat im Früh-ling. Stecklinge, IV.

Oenothera tetragona
Hohe Nachtkerze, Bronzeblatt-
Nachtkerze
Onagraceae, Nachtkerzen-
gewächse

Heimat: N-Amerika.

Wuchsform: Aufrecht, horstig.

Blatt: Spatelförmig, ganzrandig, grundstän-dige Blattrosette, mattgrün. Triebe beblättert. Kontrastreich zur Blüte.

Blüte: Achsel- und endständig, 3–5 cm große Trichterblüten, hellgelb, Dauerblüher, VI–VIII.

Frucht: Hellbraune Kapseln.

Standort: Sonnige Plätze, durch-lässige Böden.

Lebensbereiche: <u>Fr,2,so</u>: Freiflä-che; frisch; sonnig.

Verwendung: Sonnige Wildstau-denflächen, die Sorten auch für Beete. Bienenweide.

Sorte: 'Fyrverkeri', **, 60 cm; 'Sonnenwende', ***, 60–80 cm, dunkles Laub (Bild).

Vermehrung: Teilung im Früh-ling.

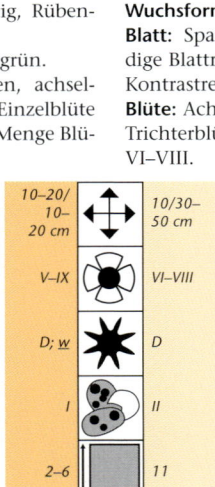

10–20/ 10– 20 cm	⬌	10/30– 50 cm
V–IX	✿	VI–VIII
D; <u>w</u>	✴	D
I		II
2–6	⬛	11

Omphalodes cappadocica
Kaukasus-Gedenkemein
Boraginaceae, Boretschgewächse

Heimat: Kleinasien, W-Kaukaus.
Wuchsform: Kissenförmig, horstig.
Blatt: Verkehrt-eiförmig, zugespitzt, ganzrandig mattgrün.
Blüte: In lockeren Trauben, himmelblau, IV–V.
Frucht: Kleine Nüsschen.
Standort: Kalkarme, humose Böden im Halbschatten.
Lebensbereiche: <u>GR,2,so–hs</u>: Gehölzrand; frisch; sonnig bis halbschattig. Auch <u>Steinanlagen</u>.
Verwendung: Steingärten, Frühlingsbeete, zu niederen Sträuchern.
Vermehrung: Teilung im Vorfrühling.
Sorte: 'Starry Eyes', blau-weiße Blüten.
Hinweis: In kalten Wintern Schutz erforderlich.

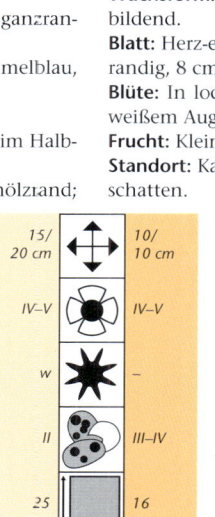

15/ 20 cm	10/ 10 cm
IV–V	IV–V
w	–
II	III–IV
25	16

Omphalodes verna
Gedenkemein
Boraginaceae, Boretschgewächse

Heimat: S-Europa.
Wuchsform: Flach, niederliegend, ausläuferbildend.
Blatt: Herz-eiförmig zugespitzt, gestielt, ganzrandig, 8 cm lang, wechselständig, grün.
Blüte: In lockeren Trauben, himmelblau mit weißem Auge, IV–V.
Frucht: Kleine Nüsschen.
Standort: Kalkarme, humose Böden im Halbschatten.
Lebensbereiche: <u>GR,2,so–hs</u>: Gehölzrand; frisch; sonnig bis halbschattig.
Verwendung: Frühlingsbeete, zu niederen Sträuchern, wichtiger Bodendecker.
Vermehrung: Teilung im Vorfrühling.
Sorte: 'Alba', weiße Blüten; 'Grandiflora', großblumiger als die Art.
Hinweis: Lange, oberirdische Ausläufer. Kann schwache Pflanzenpartner verdrängen.

Onoclea sensibilis
Perlfarn
Woodsiaceae, Wimperfarn-
gewächse

Heimat: N-Amerika, O-Asien.
Wuchsform: Aufrecht, locker, ausläuferbildend.
Blatt: Sterile Wedel gefiedert, hellgrün, im Herbst goldgelb, sterben nach dem ersten Frost ab. Fertile Wedel (Sporophylle) straff aufrecht, bis 50 cm hoch, mit perlschnurartigen Sporenträgern.
Standort: Feuchte, humose Plätze im Halbschatten.
Lebensbereiche: Fr,3,hs: Freifläche; feucht; halbschattig. Dazu Gehölzrand, Wasserrand.
Verwendung: Stark saure Humusböden, zu anderen Moorbeetpflanzen. Blattschmuck.
Vermehrung: Teilung im Frühling.

Opuntia phaeacantha
Feigenkaktus
Cactaceae, Kakteengewächse

Heimat: N-Amerika.
Wuchsform: Niederliegend bis aufrecht, horstig. Sukkulente.
Blatt: Zu Dornen umgebildete, blattförmige Glieder, breitoval, dick, graugrün, mit gelben oder braunen Glochidien. Dornen bis 6 cm lang, abwärts gerichtet.
Blüte: 6–8 cm groß, gelb, mit orangefarbener Mitte, kurzlebig, VI–VII.
Frucht: Längliche Sammelfrucht, bedornt, rot, 4–5 cm lang. Samen flach.
Standort: Durchlässige, vollsonnige Plätze in Steinnähe.
Lebensbereiche: FS,1,so: Felssteppe, trocken, sonnig.
Verwendung: Für Geröllbeete und Steingärten.
Vermehrung: Glieder abtrennen und auf den Boden legen.
Sorte: 'Longispina', lange Dornen.
Hinweis: Winterschutz durch leichte Reisigdecke.

30–60 cm	20/20 cm
–	VI–VII
w	Li; D
II	I
6–11	11–25

Osmunda regalis
Königsfarn
Osmundaceae, Königsfarn-
gewächse

Heimat: Kosmopolit.
Wuchsform: Locker aufrecht, horstig Sie kön-
nen sehr alt und mächtig werden.
Blatt: Doppelt gefiedert, Fiederchen oval, ≤ cm
lang, 1–2 cm breit, zart grün. Gelbe Herbstfär-
bung. Im oberen Teil fertiler Wedel (Sporo-
phylle), braune Sporen ab VI.
Standort: Bruchwälder, feuchte Gräben, z.B.
in Norddeutschland, meist absonnig.
Lebensbereiche: <u>G,3,so–sch</u>: Ge-
hölz; feucht; sonnig bis schattig.
Auch <u>Gehölz-</u> und <u>Wasserrand</u>.
Verwendung: Einzeln in Moor-
gärten, Bachrändern, Teichrand.
Heilpflanze.
Vermehrung: Durch Sporen,
Sporenreife Anfang VI.
Sorte: 'Gracilis', nur 75 cm
hoch, für kleinere Gärten.
Besonderes: *Osmunda*-Versteine-
rungen aus Karbonzeitalter sind
bekannt.

Pachysandra terminalis
Ysander
Buxaceae, Buchsbaumgewächse

Heimat: Japan.
Wuchsform: Flach, Triebe aufstrebend, gelbgrün, verholzend. Bildet unterirdische Ausläufer.
Blatt: Rhombisch, grob gezähnt, 5–6 cm lang,
gelbgrün, immergrün.
Blüte: Unscheinbar, über dem Laub, weißlich,
IV.
Standort: Humusreiche, leicht saure Böden
im Halbschatten.
Lebensbereiche: <u>G,2,hs</u>: Gehölz;
frisch; halbschattig. Auch <u>Ge-
hölzrand</u>.
Verwendung: In größeren Mengen als dichter Bodendecker in
nicht zu schweren Böden. Blattschmuck.
Vermehrung: Teilung, Stecklinge, Wurzelschnittlinge im
Winterhalbjahr.
Sorte: 'Green Carpet' (Bild), w,
15 cm; 'Variegata', Li, weißgrü-
nes Laub.
Hinweis: Enthält Alkaloide.

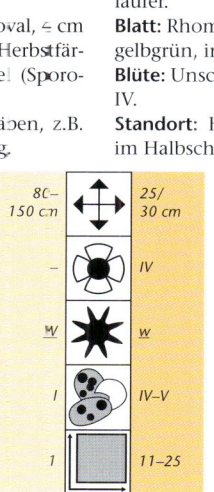

80–150 cm	25/30 cm
–	IV
IV/V	w
I	IV–V
I	11–25

Paeonia lactiflora
Edel-Päonie, Chinesische Pfingstrose
Paeoniaceae, Pfingstrosengewächse

Heimat: Züchtung, Art aus O-Asien.
Wuchsform: Dichtbuschig, horstig. Braune, spindelförmige Wurzelknollen.
Blatt: Doppelt 3-zählig, glattrandig, glänzend, dunkelgrün. Austrieb rot.
Blüte: Am Stielende bis zu 20 cm Durchmesser. Je nach Sorte weiß, rosa, rot, einfach, halbgefüllt oder gefüllt blühend, VI.
Frucht: Balgfrucht mehrteilig, bis 5 cm lang. Samenkörner groß, schwarz, oft steril.
Standort: Rabatten in voller Sonne, gut in lehmig-humosen, nährstoffreichen Böden.
Lebensbereiche: B,2,so: Beet; frisch; sonnig.
Verwendung: Einzeln oder in kleinen Gruppen. Schnittpflanze.
Vermehrung: Teilung im Herbst.
Sorte: 'Festiva Maxima', weiß gefüllt; 'Sarah Bernhard', rosa gefüllt; 'Bowl of Beauty'(Bild).

Paeonia officinalis
Bauern-Pfingstrose
Paeoniaceae, Pfingstrosengewächse

Heimat: Frankreich, S-Alpen.
Wuchsform: Dichtbuschig, horstig. Braune, spindelförmige Wurzelknollen.
Blatt: Doppelt 3-zählig, glattrandig, matt dunkelgrün.
Blüte: Am Stielende bis zu 15 cm Durchmesser, einfach blühend, rosa mit gelben Staubgefäßen, V–VI.
Frucht: Balgfrucht mehrteilig, bis 5 cm lang. Samenkörner groß, schwarz, giftig!
Standort: Rabatten in voller Sonne, gut in lehmig-humosen, nährstoffreichen Böden.
Lebensbereiche: GR,2,so: Gehölzrand; frisch; sonnig. FR.
Verwendung: Einzeln oder in kleinen Gruppen auf Rabatten. Schnittpflanze.
Vermehrung: Teilung der Horste im Herbst.
Sorte: 'Alba Plena', **, weiß gefüllt; 'Rubra Plena', **, rot gefüllt.

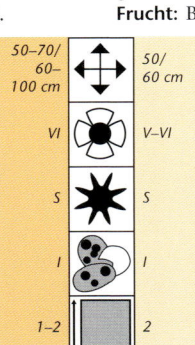

50–70/ 60–100 cm	50/ 60 cm
VI	V–VI
S	S
I	I
1–2	2

Paeonia tenuifolia
Netzblatt-Pfingstrose
Paeoniaceae, Pfingstrosen-
gewächse

Heimat: SO-Europa, Kleinasien.
Wuchsform: Dichtbuschig, horstig bis ausläu-
fertreibend. Braune, spindelförmige Wurzel-
knollen.
Blatt: Mehrfach 3-zählig, fein geschlitzt, dun-
kelgrün.
Blüte: Am Stielende bis zu 6 cm Durchmesser,
rot, einfach blühend, V.
Frucht: Balgfrucht mehrteilig, bis 3 cm lang.
Standort: Durchlässige Böden,
Trockenwiesen in voller Sonne.
Lebensbereiche: <u>SH,1,so</u>: Step-
penheide, trocken; sonnig. Auch
<u>Felssteppe</u>.
Verwendung: Einzeln oder in
kleinen Gruppen
Vermehrung: Teilung der Horste
im Herbst.
Sorte: 'Plena', Li, rot, gefüllt.
Hinweis: Pflanzung im Herbst,
die Knospen sollen nur 3 cm mit
Erde bedeckt sein.

Panicum virgatum
Rutenhirse
Poaceae, Süßgräser

Heimat: Mittleres und östliches N-Amerika.
Wuchsform: Aufrecht, bogig überhängend,
horstig.
Blatt: Schmal, bandförmig, grün, im Herbst
gelb.
Blüte: Lockere Rispe steif-aufrecht, VII–IX.
Fruchtstand/Frucht: Karyopsen klein, am
Ende der Blütenrispen.
Standort: Trockenwiesen in voller Sonne,
durchlässige Böden.

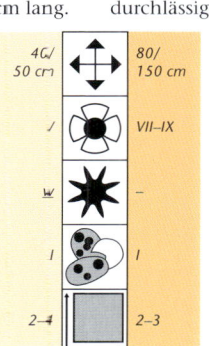

Lebensbereiche: <u>Fr,1–2,so</u>: Frei-
fläche; frisch; sonnig.
Verwendung: Auflockerung von
Wildstaudenpflanzungen,
Schnittpflanze. Trockenbinderei
Vermehrung: Teilung im Vor-
frühling.
Sorte: 'Hänse Herms', <u>w</u>, 80 cm;
'Rehbraun', 100 cm (Bild); 'Rot-
strahlbusch', w, 80 cm; alle sind
standfester als die Art, rotes
Herbstlaub.
Hinweis: Wirkungsvoll mit Rau-
reif.

4G/ 50 cm		80/ 150 cm
/		VII–IX
<u>w</u>		–
		I
2–4		2–3

125

Papaver nudicaule
Island-Mohn
Papaveraceae, Mohngewächse

Heimat: Subarktische Gebiete Amerikas und Asiens.
Wuchsform: Blattschöpfe grundständig, horstbildend.
Blatt: Fiederspaltig, bläulich grün.
Blüte: Schalenförmig, an blattlosem, behaarten Stängel über dem Laub, weiß, gelb, rot, Knospe nickend, V–VIII.
Frucht: Kapsel aufrecht, Streufrucht.
Standort: Durchlässige kalkarme Böden in voller Sonne.
Lebensbereiche: <u>Fr,2,so, –b</u>: Freifläche; frisch; sonnig; beetstaudenähnlich. <u>Steinanlagen</u>.
Verwendung: Einzeln oder in kleinen Gruppen im Steingarten oder in der Rabatte.
Vermehrung: Aussaat im Vorfrühling.
Sorte: Eine Anzahl von Farbsorten für Schnitt, sind aber kurzlebig (meist 2-jährig). Große Variationsbreite.

Papaver orientale
Türkischer Mohn
Papaveraceae, Mohngewächse

Heimat: Kaukasus, Armenien, Nordiran.
Wuchsform: Aufrecht bis bogig, horstartig. Zieht nach der Blüte ein. Lange fleischige Wurzeln.
Blatt: Fiederteilig, stark behaart, bis 50 cm lang, grün, Milchsaft führend, nach der Blüte einziehend.
Blüte: Bis 18 cm groß, schalenförmig, weiß, orange, rosa, rot, V–VI.
Frucht: Kapseln aufrecht mit vielen feinen Samen.
Standort: Durchlässige, leichte und schwere Böden. Auch <u>Beet</u>.
Lebensbereich: <u>Fr,2,so</u>: Freifläche; frischer Boden; sonnig.
Verwendung: Einzeln auf Beeten und Wildstaudenpflanzungen in voller Sonne. Schnittpflanze (immer knospig schneiden).
Vermehrung: Wurzelschnittlinge im Winter. Teilung nach der Blüte.
Sorte: 'Catharina', **, lachs, 0,8 m; 'Sturmfackel', **, feuerrot (Bild).

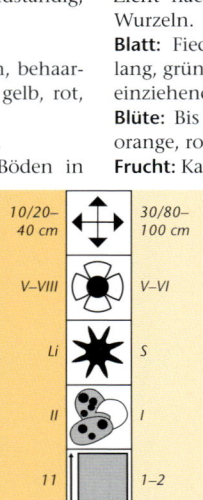

10/20–40 cm		30/80–100 cm
V–VIII		V–VI
Li		S
II		I
11		1–2

Pennisetum alopecuroides
(Syn.: Pennisetum compressum)
Australisches Lampenputzergras
Poaceae, Süßgräser

Heimat: Australien, O-Asien.
Wuchsform: Dichtbuschig, horstig.
Blatt: Schmal, bandförmig, im Herbst gelbbraun.
Blüte: Braune, borstige Ähren, 25 cm groß, an langen Stielen, VIII–IX.
Frucht: Borstige Karyopse, Samen werden bei uns selten reif.
Standort: Trocken und warme Plätze, nur durchlässige Böden.
Lebensbereiche: <u>Fr,1–2,so, –b</u>: Freifläche; trocken bis frisch; sonnig, beetstaudenähnlich.
Verwendung: Einzeln oder in kleinen Gruppen in Beeten, Rabatten, an der Terrasse, Stein- und Heidegärten.
Vermehrung: Teilung im April.
Sorte: 'Hameln', ***, nur 60 cm hoch (Bild).
Hinweis: Pflanzen teilen, (IV) sobald Blühwilligkeit nachlässt.

Phlomis russeliana
(Syn.: Phlomis samia)
Brandkraut
Lamiaceae, Taubnesselgewächse

Heimat: Kleinasien, Griechenland
Wuchsform: Aufrecht, lockerhorstig, kurze Ausläufer treibend.
Blatt: Grundständig, eiförmig bis lanzettlich, gestielt, alle Teile drüsig behaart.
Blüte: Stiele 4-kantig, Blüten bis zu 20 in Quirlen, gelbe Lippenblüten, VI–VIII.
Fruchtstand: Etagenartig, braun.
Standort: Durchlässige, auch magere Böden in voller Sonne.
Lebensbereiche: <u>Fr,1,so</u>: Freifläche; trocken; sonnig. Auch <u>Felssteppe</u>, <u>Gehölzrand</u>.
Verwendung: Einzeln oder in Gruppen in Beeten, Rabatten und größeren Steingärten. Schnittpflanze. Trockenbinderei. Fruchtstand ziert im Winter.
Vermehrung: Teilung und Aussaat im Frühling.
Hinweis: Pflanze in strengen Wintern schützen.

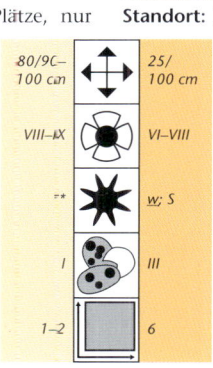

80/90–100 cm	25/100 cm
VIII–IX	VI–VIII
–*	<u>w</u>; S
I	III
1–2	6

Phlox douglasii
Teppich-Phlox
Polemoniaceae, Sperrkraut-
gewächse

Heimat: N-Amerika.

Wuchsform: Dicht teppichartig, kriechend, teils wurzelnd.

Blatt: Nadelförmig, spitz, 2 cm lang, immergrün, Stiele dicht beblättert.

Blüte: 1–2 cm groß, 5-zählig, in dichten Doldentrauben; rosa oder rot – je nach Sorte; IV–V.

Frucht: Selten zu sehen.

Standort: Durchlässige, trockene Kalkböden in voller Sonne.

Lebensbereiche: <u>MK, St,1–2,so</u>: Mauerkronen, Steinanlagen; trocken bis frisch; sonnig.

Verwendung: Für Steingärten und Mauern, Dachgärten, Tröge.

Vermehrung: Stecklinge im Winter.

Sorte: 'Cracker Jack', **, karminrot (Bild); 'Iceberg', weiß.

Hinweis: Besonders dichte Polster, oft grelle Blütenfarben.

Phlox paniculata
Hohe Flammenblume
Polemoniaceae, Sperrkraut-
gewächse

Heimat: Züchtung.

Wuchsform: Aufrecht, horstbildend.

Blatt: Gegenständig, breitlanzettlich, 8–10 cm lang, glattrandig, dunkelgrün.

Blüte: End- und achselständige Doldentrauben. Einzelblüte mit langer Blütenröhre, 2–3 cm groß, in vielen Farben von weiß, rosa, rot, VI–VIII.

Frucht: Kugelige Kapsel.

Standort: Tiefgründige, nährstoffreiche Böden, sonnig.

Lebensbereiche: <u>B,2,so</u>: Beet, frisch; sonnig.

Verwendung: Einzeln oder in Gruppen auf Beeten.

Vermehrung: Teilung im Frühling; Wurzelschnittlinge, I.

Sorte: 'Aida', **, rotviolett; 'Landhochzeit', ***, rosa, 'Orange', ***, orangerot; 'Württembergia', ***, rosa mit weiß (Bild).

Hinweis: Auf Mehltau und Nematoden achten.

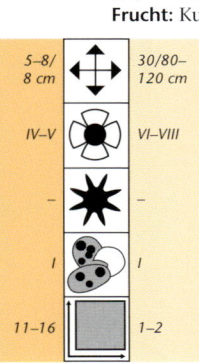

5–8/ 8 cm	30/80– 120 cm
IV–V	VI–VIII
–	–
I	I
11–16	1–2

Phlox subulata
Polster-Phlox
Polemoniaceae, Sperrkraut-
gewächse

Heimat: Östliches N-Amerika.
Wuchsform: Polsterartig, kriechend, teils wur-
zelnd.
Blatt: Nadelförmig, spitz, 2 cm lang, immer-
grün, Stiele dicht beblättert.
Blüte: 1–2 cm groß, fünfzählig, in dichten
Doldentrauben, rosa, rot – je nach Sorte, IV–V.
Frucht: Selten zu sehen.
Standort: Durchlässige, trockene Kalkböden
in voller Sonne.
Lebensbereiche: <u>MK,1–2,so</u>:
Mauerkronen; trocken bis frisch;
sonnig. Auch <u>Felssteppe</u>, <u>Stein-
anlagen</u>.
Verwendung: Für Steingärten
und Mauern, Dachgärten, Tröge.
Vermehrung: Stecklinge, I.
Sorte: 'Atropurpurea', *, violett-
rot; 'Lindental', karminrosa; 'Te-
miscaming', *, rot, 'White De-
light', **, weiß.
Hinweis: Dichte Blütenpolster.

Physostegia virginiana
Gelenkblume
Lamiaceae, Taubnesselgewächse

Heimat: N-Amerika.
Wuchsform: Aufrecht, rhizombildend.
Blatt: Lanzettlich, Rand gezähnt, an 4-kanti-
gem Stängel, grün.
Blüte: Lippenblüte 2–3 cm lang, dunkelrosa,
Einzelblüte lässt sich drehen. Blütenstand
endständig, ährig, VIII–IX.
Frucht: Nüsschen.
Standort: Nicht zu trockene Plätze in voller
Sonne, durchlässige Böden aller
Art.
Lebensbereiche: <u>Fr,2–3,so</u>: Frei-
fläche; frisch bis feucht; sonnig.
Auch <u>Beet</u>.
Verwendung: In größeren Grup-
pen auf Rabatten. Schnitt-
pflanze.
Vermehrung: Teilung, Stecklinge
im Vorfrühling.
Sorte: 'Bouquet Rose', violettro-
(Bild), 80 cm; 'Summer Snow',
weiß, 90 cm; 'Vivid', weinrot,
60 cm.

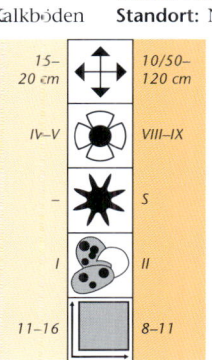

15–20 cm	10/50–120 cm
IV–V	VIII–IX
–	S
I	II
11–16	8–11

Platycodon grandiflorus
Ballonblume
Campanulaceae, Glockenblumen-
gewächse

Heimat: China, Japan, Mandschurei.
Wuchsform: Aufrecht bis überhängend, hor-
stig, Rübenwurzel.
Blatt: Eilanzettlich, gezähnt, bläulich grün,
Stängel beblättert.
Blüte: Knospe ballonförmig, geöffnet breit-
glockig, bis 8 cm groß, tiefblau, VII–VIII.
Frucht: Kapsel braun, Samen schwarz.
Standort: Humose, durchlässige Böden im
Halbschatten.
Lebensbereiche: <u>Fr,2,so–hs</u>: Frei-
fläche; frisch; sonnig bis halb-
schattig. Auch <u>Gehölzrand</u>.
Verwendung: Einzeln oder in
kleinen Gruppen, die niederen
Sorten auch im Steingarten.
Vermehrung: Nur durch Samen
vermehrbar. Aussaat im Frühling.
Sorte: 'Mariesii', <u>w</u>, 40 cm, tiefblau; 'Album', w, weiß; 'Perlmut-
terschale', w, rosa; 'Apoyama',
20 cm, violettblau.

Polemonium caeruleum
Himmelsleiter, Jakobsleiter
Polemoniaceae, Sperrkraut-
gewächse

Heimat: Asien, Mitteleuropa.
Wuchsform: Aufrecht, horstig.
Blatt: 1-fach, seltener doppelt gefiedert, grün.
Blüte: Schalenblüte 1–2 cm breit, in kopfigen
Blütenständen, himmelblau, VI–VII.
Frucht: Unscheinbar.
Standort: Nährstoffreiche Wiesenböden der
Berge, Hochstaudenfluren, meist sonnig.
Lebensbereiche: <u>Fr,3,so</u>: Freifläche; feucht;
sonnig. <u>GR</u>.
Verwendung: Wildstauden-
pflanzungen, schön vor Sträu-
chern, auch in feuchten Lagen.
Vermehrung: Aussaat, auch Tei-
lung im Frühling.
Sorte: 'Album', 80 cm, weiß;
'Azuro', 30 cm, blau.
Weitere Art: Weitere zwergige
Arten für den Steingarten, u.a.
P. × richardsonii, **, 40 cm.
Hinweis: **Geschützte Wild-**
pflanze.

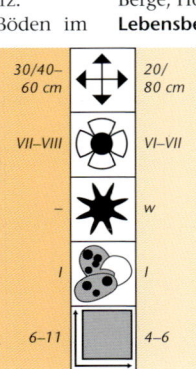

30/40–60 cm	20/80 cm
VII–VIII	VI–VII
–	w
I	I
6–11	4–6

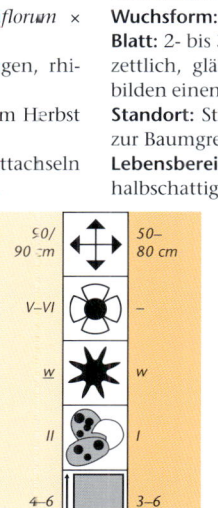

Polygonatum × hybridum 'Weihenstephan'
Salomonssiegel
Convallariaceae, Maiglöckchergewächse

Heimat: Züchtungen aus *P. multiflorum* × *P. odoratum.*

Wuchsform: Aufrecht bis übergebogen, rhizombildend.

Blatt: Elliptisch, ganzrandig, grün, im Herbst gelb, zieht dann ein.

Blüte: Röhrenförmig, aus den Blattachseln entspringend, hängend, weiß, V–VI.

Fruchtstand/Frucht: Kugelige Beere, blau.

Standort: Halbschattige Lagen in humosen Böden.

Lebensbereiche: GR,2,hs: Gehölzrand; frisch; halbschattig. Auch Gehölz.

Verwendung: Einzeln unter höheren Bäumen zwischen Bodendeckern.

Vermehrung: Teilung der dicken Rhizome im Frühling oder Herbst.

Polystichum aculeatum
Glanz-Schildfarn
Dryopteridaceae, Wurmfarngewächse

Heimat: Europa, Asien.

Wuchsform: Bogig ausladend, horstig.

Blatt: 2- bis 3-fach gefiedert, 20 cm breit, lanzettlich, glänzend grün, wintergrün. Wedel bilden einen Trichter. Sori unterseits, 2-reihig.

Standort: Steinige Hänge der Berge, geht bis zur Baumgrenze hinauf, Schattenhänge.

Lebensbereiche: G,2,hs–abs: Gehölz; frisch; halbschattig bis absonnig. Auch Steinanlagen.

Verwendung: In humosen Böden zwischen immergrünen Gehölzen.

Vermehrung: Durch Sporen, diese reifen von VII–IX.

Ähnliche Art: *P. lonchitis,* Lanzenfarn, steif, 60 cm hoch.

Hinweis: Wichtiger heimischer Freilandfarn.

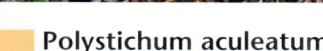

50/90 cm	50–80 cm
V–VI	–
w	w
II	I
4–6	3–6

 Polystichum setiferum
Weicher Schildfarn
Dryopteridaceae, Wurmfarn-
gewächse

Heimat: Europa.
Wuchsform: Bogig ausladend, horstig.
Blatt: 2-fach gefiedert, 20 cm breit, schmal-
lanzettlich, mattgrün, wintergrün. Unterseits
dicht mit braunen Streuschuppen bedeckt.
Wedel bilden einen Trichter, Sori klein, unterseits 2-reihig.
Standort: Schattenhänge der Berge, Urgesteinsböden der Laubmischwälder. Hohe
Luftfeuchtigkei.
Lebensbereiche: G,2,hs: Gehölz;
frisch; halbschattig. Gehölzrand.
Verwendung: In humosen Böden zwischen Gehölzen.
Vermehrung: Durch Sporen,
diese reifen von VII–VIII.
Sorte: 'Proliferum', w, Schmaler
Filigranfarn, Wedel 3-fach gefiedert, Brutknospen in den Fieder-
achseln (Bild).
Hinweis: Eine Laubdecke auf
dem Boden schützt die Pflanze
im Winter.

 Pontederia cordata
Hechtkraut
Pontederiaceae, Hechtkraut-
gewächse

Heimat: N-Amerika.
Wuchsform: Aufrecht, kriechender Wurzel-
stock im Wasser.
Blatt: Herz-eiförmig, groß, glänzend grün,
ganzrandig.
Blüte: In 10 cm langen Scheinähren über
dem Laub, hellblau, reich blühend, VI–IX.
Frucht: Nuss.
Standort: Stehende Gewässer in wärmeren
Gebieten, sonnige Lagen, nähr-
stoffreiche Böden.
Lebensbereiche: WR,5,so: Was-
serrand; flaches Wasser; sonnig.
Verwendung: Einzeln oder in
Gruppen am Rand von Teichen
aller Art. Pflanztiefe bis –30 cm.
Vermehrung: Teilung der Rhi-
zome im Frühling.

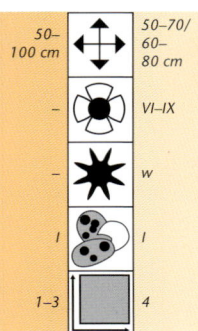

50–100 cm	50–70/ 60–80 cm
–	VI–IX
–	w
I	I
1–3	4

Potentilla neumanniana
(Syn.: Potentilla verna)
Frühlings-Fingerkraut
Rosaceae, Rosengewächse

Heimat: Europa.
Wuchsform: Mattenartig, kriechend.
Blatt: 5- bis 7-teilig, am Rand gezähnt, frisches grün.
Blüte: Schalenförmig, 5-teilig, in Doldentrauben, goldgelb, IV–V.
Fruchtstand: Doldentraube.
Standort: Trockene, sonnig-warme Matten und Trockenrasen, felsige Plätze.
Lebensbereiche: Fr,1,so: Freifläche; trocken; sonnig. Dazu Felssteppe, Steppenheide, Steinanlagen.
Verwendung: Flächig auf durchlässigen Kalkböden in voller Sonne. Zur Dachbegrünung. Bienenweide.
Vermehrung: Teilung im Vorfrühling.
Sorte: 'Nana', nur 5 cm hoch, ideale Mattenpflanze, gelb (Bild).

Primula auricula
Alpen-Aurikel
Primulaceae, Schlüsselblumengewächse

Heimat: Alpen, Karpaten.
Wuchsform: Rosettenartig, horstig.
Blatt: Oval, dickfleischig, bis 15 cm lang, ganzrandig, gezähnt, weiß bemehlt, immergrün.
Blüte: Trichterblüte mit bemehltem Schlund, in dichter Doldentraube, gelb, IV–VI.
Frucht: Kugelige Kapsel.
Standort: Kalkmagerrasen, in Felsspalten der Kalkalpen, durchlässige Böden in sonniger Lage.
Lebensbereiche: SF,2,so–hs: Steinfugen; frisch; sonnig bis halbschattig. Matten, Alpinum.
Verwendung: In Steingärten, Trockenmauern oder Trögen. Schnittpflanze.
Vermehrung: Teilung im Vorfrühling oder nach der Blüte.
Weitere Art: *Primula × hortensis*, Garten-Aurikel, großblumig, 25 cm.
Hinweis: Geschützte Wildpflanze.

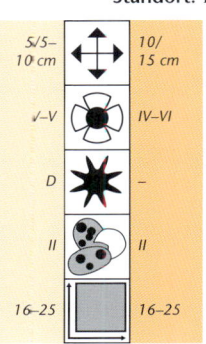

5/5–10 cm	10/15 cm
IV–V	IV–VI
D	–
II	II
16–25	16–25

Primula × bullesiana
Terrakotta-Etagen-Primel
Primulaceae, Schlüsselblumen-
gewächse

Heimat: Züchtung.
Wuchsform: Aufrecht, horstig.
Blatt: Spatelförmig, Rand doppelt gesägt, grün.
Blüte: Blütenstiel mit mehreren Etagen, quirl-ständig, Einzelblüte mit röhrigem Schlund, 5-teilig, verschiedene Pastelltöne: gelb bis rot und violett, VI–VIII.
Frucht: Kugelig.
Standort: Humose Gartenböden im Halbschatten, auch an Feuchtstellen.
Lebensbereiche: <u>GR,2–3,hs</u>: Ge-hölzrand; frisch bis feucht; halb-schattig. Auch <u>Freifläche</u>, <u>Was-serrand</u>.
Verwendung: In Wassernähe, an sumpfigen Stellen. Schnitt-pflanze.
Vermehrung: Aussaat im Vor-frühling, auch Teilung.
Sorte: 'Ravenglass Vermilion', dunkelorangerot, dunkles Laub.

Primula denticulata
Kugel-Primel
Primulaceae, Schlüsselblumen-
gewächse

Heimat: Afghanistan bis China.
Wuchsform: Aufrecht, horstig. Wuchshöhe/Blütenhöhe: 15–25/20–30 (später auch 50 cm).
Blatt: Spatelförmig, Rand gezähnt, bis 50 cm lang und 10 cm breit.
Blüte: Trichterblüten in kugeligem Blüten-stand, violettrosa, III–IV. Der Blütenstiel streckt sich (postflorales Wachstum).
Fruchtstand/Frucht: Kugelige Kapselfrüchte in halbkugeligem Fruchtstand, bis 50 cm hoch.
Standort: Humose, durchlässige Böden im lichten Schatten.
Lebensbereiche: <u>GR,2,so–hs</u>: Ge-hölzrand; frisch; sonnig bis halb-schattig. Auch <u>Freifläche</u>.
Verwendung: Kleinen Trupps, zu Märzenbecher und Blaustern.
Vermehrung: Aussaat, Teilung, Wurzelschnittlinge.
Sorte: 'Alba', <u>w</u>, weiß; 'Rubin', <u>w</u>, rot.

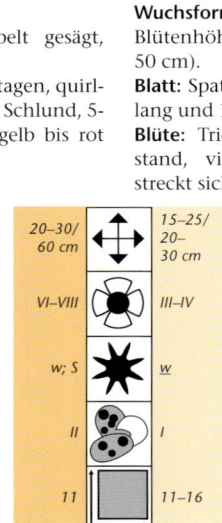

20–30/60 cm		15–25/20–30 cm
VI–VIII		III–IV
w; S		<u>w</u>
II		I
11		11–16

Primula elatior
Schlüsselblume
Primulaceae, Schlüsselblumen-
gewächse

Heimat: Europa bis Zentralasien.
Wuchsform: Aufrecht, lockerhorstig.
Blatt: Eiförmig, gekerbt, grün.
Blüte: Trichterblüten in Doldentrauben, hell-
gelb, III–IV.
Frucht: Kugelige Kapsel in bleichen Hüllblät-
tern.
Standort: Unter und zwischen Laubgehölzen
in humosem Kalkboden.
Lebensbereiche:  G,2–3,so–hs:
Gehölz; frisch bis feucht; sonnig
bis halbschattig. Gehölzrand.
Verwendung: Wildstaudenberei-
che unter spät austreibenden
Laubgehölzen. Schnittpflanze.
Heilpflanze.
Vermehrung: Teilung, Aussaat
im Vorfrühling.
Sorte: Zahlreiche Sorten wurden
gezüchtet. Sie halten sich nur
kurz im Garten.

Primula japonica
Japanische Etagen-Primel
Primulaceae, Schlüsselblumen-
gewächse

Heimat: Japan.
Wuchsform: Aufrecht, horstig.
Blatt: Spatelförmig, Rand gezähnt, grün.
Blüte: Blütenstiel mit mehreren Etagen, quirl-
ständig, Einzelblüte mit röhrigem Schlund, 5-
teilig, rotviolett, V–VII.
Frucht: Kugelige Kapsel.
Standort: Humose Gartenböden im Halb-
schatten, auch an Feuchtstellen.
Lebensbereiche: GR,2–3,hs: Ge-
hölzrand; frisch bis feucht; halb-
schattig. Auch Wasserrand.
Verwendung: In Wassernähe, an
sumpfigen Stellen sowie vor
Laubgehölzen.
Vermehrung: Aussaat im Vor-
frühling, auch Teilung.
Hinweis: Kombination mit
säureliebenden Stauden.

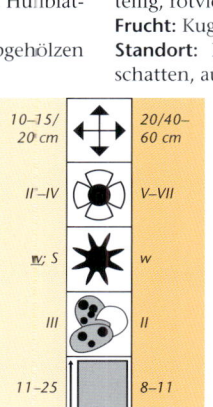

10–15/ 20 cm	20/40– 60 cm
II–IV	V–VII
IV; S	w
III	II
11–25	8–11

Primula juliae
Teppich-Primel
Primulaceae, Schlüsselblumen-
gewächse

Heimat: Züchtung.
Wuchsform: Teppichartig, kriechend.
Blatt: Rundlich, gezähnt, grün.
Blüte: Einzelblüte mit röhrigem Schlund, 5-teilig, in verschiedenen Farbtönen von weiß bis rot und violett, III–IV.
Frucht: Kugelige Kapsel.
Standort: Humose Gartenböden im Halbschatten.
Lebensbereiche: GR,2,hs: Gehölzrand; frisch; halbschattig. Auch Steinanlagen.
Verwendung: In größerer Anzahl unter lockeren Sträuchern, Steingärten. Bodendecker für nicht zu trockene Lagen.
Vermehrung: Aussaat im Vorfrühling, auch Teilung.
Sorte: 'Frühlingsfeuer', feuerrot; 'Helge', hellgelb; 'Schneewittchen', weiß, Li.

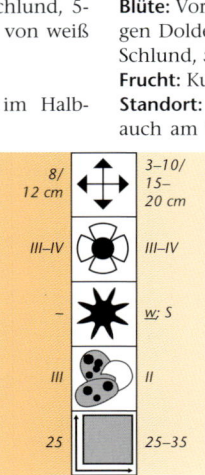

8/ 12 cm		3–10/ 15– 20 cm
III–IV		III–IV
–		w; S
III		II
25		25–35

Primula rosea
Rosen-Primel
Primulaceae, Schlüsselblumenge-
wächse

Heimat: Afghanistan, Himalaja, Kaschmir.
Wuchsform: Rosettig, horstig.
Blatt: Länglich-eiförmig, gezähnt, frischgrün.
Blüte: Vor dem Laub, am Ende einer vielblütigen Doldentraube. Einzelblüte mit röhrigem Schlund, 5-teilig, hellrot, III–IV.
Frucht: Kugelige Kapsel.
Standort: Feuchtstellen im Halbschatten, auch am Wasserrand von Teichen, humoser Boden.
Lebensbereiche: WR,4,so–hs: Wasserrand; sumpfig; sonnig bis halbschattig. Auch Freifläche.
Verwendung: In Wassernähe, an sumpfigen Stellen. Topftreiberei.
Vermehrung: Aussaat sofort nach der Samenreife, Teilung.
Sorte: 'Grandiflora', großblumig, violett, Schnittpflanze.
Hinweis: Kultur im Kasten mit humosem Boden. Folie zum Anstau von Wasser verwenden.

Primula veris

(Syn.: Primula officinalis)
Echte Schlüsselblume
Primulaceae, Schlüsselblumen-
gewächse

Heimat: Europa bis Zentralasien.
Wuchsform: Aufrecht, lockerhorstig.
Blatt: Eiförmig, gezähnt, grün.
Blüte: Röhrenblüten in Doldentrauben, gold-
gelbe, III–IV.
Fruchtstand/Frucht: Kugelige Kapsel in blei-
chen Hüllblättern.
Standort: Unter und zwischen Laubgehölzen
auf humosem Kalkboden.
Lebensbereiche: Fr,1–2,so–abs:
Freifläche; trocken bis frisch;
sonnig bis absonnig. Gehölz-
rand.
Verwendung: Wildstaudenbere-
iche, unter spät austreibenden
Laubgehölzen. Heilpflanze
Vermehrung: Teilung, Aussaat
im Vorfrühling.
Hinweis: Giftige Pflanze. Höhe-
punkt vor der Laubentfaltung
der Bäume in der Umgebung.

Kissen-Primel
Primulaceae, Schlüsselblumen-
gewächse

Primula vulgaris
Kissen-Primel
Primulaceae, Schlüsselblumen-
gewächse

Heimat: Europa, Kaukasus.
Wuchsform: Rosettig, lockerhorstig.
Blatt: Spatelig, gezähnt, grün.
Blüte: Trichterblüten in Doldentrauben, hell-
gelb, III–IV.
Frucht: Kugelige Kapsel in bleichen Hüllblät-
tern.
Standort: Unter und zwischen Laubgehölzen
in humosem Boden.

Lebensbereiche: GR,2,hs: Ge-
hölzrand; frisch; halbschatt.g.
Auch Gehölz und Freifläche.
Verwendung: Wildstaudenbere-
che unter spät austreibenden
Laubgehölzen.
Vermehrung: Teilung, Aussaat
im Vorfrühling.
Sorte: Großblütige Sorten (Züch-
tungen) in vielen Farben, wer-
den im Spätherbst angeboten.
Für Schalen, Friedhof, Beete, Bal-
kon und Zimmer eignen sie sich.
Blütezeit XII–IV.

10–15/20 cm	5–8/10–12 cm
III–IV	III–IV
S	w
III	III
11–25	16–25

Pseudofumaria lutea
(Syn.: Corydalis lutea)
Gelber Lerchensporn
Fumariaceae, Erdrauchgewächse

Heimat: S-Alpen bis zum Mittelmeer.
Wuchsform: Buschig, lockerhorstig, zierlich mit gelbfleischigen Trieben.
Blatt: 3-fach gefiedert, wechselständig, hellgrün, wintergrün.
Blüte: Lippenförmig, in Trauben über dem Laub, gelb, V–IX.
Frucht: Ballähnliche Frucht. Schwarze Samen werden bei der Reife ausgeschleudert und durch Ameisen verbreitet.
Standort: Anspruchslos an Boden und Klima, halbschattige Lagen ideal.
Lebensbereiche:  SF,2–3,abs: Steinfugen; frisch bis feucht; absonnig. Auch Felssteppe und Gehölzrand.
Verwendung: Trockenmauern, Steingärten und pflegearme Standorte.
Vermehrung: Aussaat.
Hinweis: Herrlicher Dauerblüher.

Pseudolysimachion spicatum subsp. **incanum**
(Syn.: Veronica spicata subsp. incana)
Silberpolster-Ehrenpreis
Scrophulariaceae, Braunwurzgewächse

Heimat: SO-Europa.
Wuchsform: Niederliegend bis aufrecht, kriechend.
Blatt: Lanzettlich, graufilzig, gegenständig, bis 8 cm lang.
Blüte: In schmalen, dichten Ähren, leuchtend blau, VII–VIII.
Frucht: Kapsel.
Standort: Warme, trockene Lagen wie Trockenrasen, Schotterflächen und Dünen.
Lebensbereiche: FS,1,so: Felssteppe; trocken; sonnig. Auch Steppenheide und Freifläche.
Verwendung: In kleineren Gruppen oder großflächig als Bodendecker, gut zu Rosen.
Vermehrung: Teilung im April.
Sorte: 'Silberteppich', blau, 25 cm.

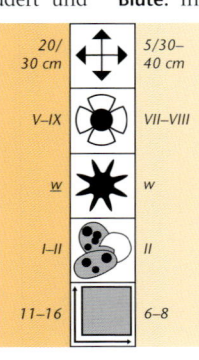

20/30 cm		5/30–40 cm
V–IX		VII–VIII
w		w
I–II		II
11–16		6–8

Pulmonaria angustifolia
Schmalblättriges Lungenkraut
Boraginaceae, Boretschgewächse

Heimat: Mitteleuropa bis zum Kaukasus.
Wuchsform: Kissenartig, horstig, kurze Ausläufer treibend.
Blatt: Lanzettlich, rau behaart, dunkelgrün, nicht gefleckt
Blüte: Trichterförmig, in endständiger Wickeltraube, leuchtend blau, Knospe violett, IV–V.
Frucht: Kleine Nüsschen.
Standort: Humusreiche, auch feuchte Böden, in halbschattiger Lage.
Lebensbereiche: <u>G,2–3,hs</u>: Gehölz; frisch bis feucht; halbschattig. Auch <u>Gehölzrand</u>.
Verwendung: Vor frühblühenden Gehölzen und zu Zwiebelblumen wie Narzissen. Eignet sich zum Treiben.
Vermehrung: Teilung, Aussaat im Vorfrühling.
Sorte: 'Azurea', <u>w</u>, enzianblau. Munstead Blue: 30 cm, hellblau.

Pulsatilla vulgaris
(Syn.: Anemone pulsatilla)
Kuhschelle
Ranunculaceae, Hahnenfußgewächse

Heimat: Europa.
Wuchsform: Buschig, Blüten locker überhängend, horstig.
Blatt: Grundständig, behaart, fiederschnittig.
Blüte: Glockenförmig, ohne Kelch, einzeln, aufrecht bis nickend, violett, gelbe Staubgefäße, III–IV.
Fruchtstand/Frucht: Nüsschen mit federigem Griffel, zu Büscheln vereint, sehr zierend.
Standort: Magere, sonnige Wiesen auf kalkhaltigen Böden.
Lebensbereiche: <u>SH,1,so</u>: Steppenheide; trocken; sonnig. Auch <u>Felssteppe</u> und <u>Steinanlagen</u>.
Verwendung: Für Steingärten und durchlässige Kalkböden.
Vermehrung: Aussaat im Februar. Wurzelschnittlinge in I.
Sorte: 'Röde Klokke', tiefrot; 'Weißer Schwan', weiß.
Hinweis: Geschützte Wildpflanze.

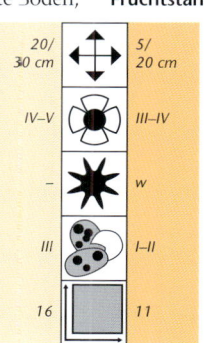

20/30 cm	5/20 cm
IV–V	III–IV
–	w
III	I–II
16	11

 **Ramonda myconi**
Felsenteller
Gesneriaceae, Gesneriengewächse

Ranunculus lingua
Zungen-Hahnenfuß
Ranunculaceae, Hahnenfuß-
gewächse

Heimat: Pyrenäen.
Wuchsform: Rosettenartig, horstig.
Blatt: Eiförmig, runzelig, unterseits dichtfilzig behaart, immergrün.
Blüte: 5-teilig, 1- bis 7-blütige Doldentraube hell violettblau, V–VI.
Frucht: Kleine Kapsel.
Standort: Absonnige Seiten von Kalkfelsen. Auch in humusreichen Felsspalten. Längere Trockenperioden werden toleriert.
Lebensbereiche: SF,2,abs: Steinfugen; frisch; absonnig.
Verwendung: Steingärten, aber nur auf der Schattenseite der Kalkfelsen.
Vermehrung: Aussaat im Vorfrühling, ferner durch Teilung und Blattstecklinge.
Hinweis: Ziert Felswände auch ohne Blüte durch die 20 cm breite Rosette. Selbstaussaat an geeignetem Standort.

Heimat: Europa, Sibirien.
Wuchsform: Aufrecht, überhängend, ausläuferbildend.
Blatt: Lanzettlich, graugrün, kahl.
Blüte: Glänzend, bis 4 cm groß, goldgelb, VI–VIII.
Frucht: Sammel-Balgfrucht.
Standort: Am Rand von Wasserbecken, Teichen in voller Sonne.
Lebensbereiche: WR,4–5,so–hs: Wasserrand; sumpfig bis flaches Wasser; sonnig bis halbschattig.
Verwendung: In kleinen Gruppen am Wasserrand, Pflanztiefe –30 bis –5 cm.
Vermehrung: Abtrennen der Ausläufer.
Hinweis: Immer attraktiv.

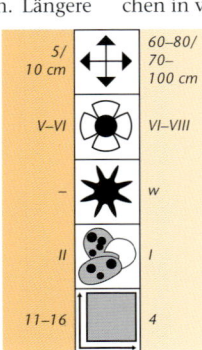

5/ 10 cm		60–80/ 70– 100 cm
V–VI		VI–VIII
–		w
II		I
11–16		4

Rodgersia aesculifolia
Kastanienblättriges Schaublatt
Saxifragaceae, Steinbrech-
gewächse

Heimat: Zentralchina.
Wuchsform: Aufrecht, horstig, kurze Rhizome bildend.
Blatt: Bis 50 cm groß, im Umriss rund, aber
5- bis 7-teilig, ähnlich der Rosskastanie.
Blüte: Kleine Blütchen in dichter Rispe über
dem Laub, weiß, VI–VII.
Frucht: Kleine Kapseln.
Standort: Humusreiche Waldböden im Halbschatten unter Bäumen.
Lebensbereiche: <u>G,2–3,hs</u>: Gehölz; frisch bis feucht; halbschattig. Auch <u>Gehölzrand</u>.
Verwendung: Einzeln zu Rhododendron und in Gesellschaft
von Farnen. Blattschmuck.
Vermehrung: Teilung und Aussaat im Vorfrühling.
Ähnliche Art: *R. podophylla*, Japan, zackigere, glänzende Blätter.
Hinweis: Mächtige Blatt-
schmuckstaude.

Rudbeckia fulgida
var. **sullivantii** 'Goldsturm'
Prächtiger Sonnenhut
Asteraceae, Asterngewächse

Heimat: Die Art stammt aus N-Amerika.
Züchtungen.
Wuchsform: Dichtbuschig aufrecht, horstig.
Blatt: Bis 20 cm, herzförmig zugespitzt,
Grundblätter dunkelgrün, Stängelblätter
schmaler.
Blüte: Bis 12 cm breit, schwarzbraunes Köpf-
chen mit goldgelben Strahlenblüten, VIII–X.
Fruchtstand: Kegelförmige Köpfchen. Nach
der Blüte für Trockenbinderei
verwenden.
Standort: Durchlässige, gute
Gartenböden in voller Sonne.
Lebensbereiche: <u>B,2,so</u>: Beet;
frisch; sonnig. Auch <u>Freifläche</u>
und <u>Gehölzrand</u>.
Verwendung: Auch in größeren
Gruppen auf Beeten und Rabat-
ten. Schnittpflanze. Trockenbin-
derei (Fruchtstände)
Vermehrung: Teilung nach der
Blüte oder im Vorfrühling.

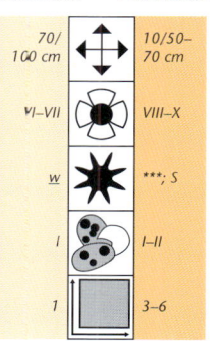

70/100 cm	10/50–70 cm
VI–VII	VIII–X
w	***; S
I	I–II
1	3–6

Rudbeckia laciniata
Geschlitztblättriger Sonnenhut
Asteraceae, Asterngewächse

Heimat: N-Amerika.
Wuchsform: Aufrecht, Ausläufer bildend.
Blatt: Grundblätter 3- bis 5-teilig, kahl, hellgrün, Stängelblätter 3-teilig.
Blüte: Hellgelbe Strahlenblüten mit grüner Scheibe, VII–IX. Die Art wird kaum kultiviert.
Fruchtstand: Kegelförmige Köpfchen.
Standort: Feuchte Plätze in voller Sonne, nährstoffreiche Böden.
Lebensbereiche: <u>Fr,2–3,so</u>: Freifläche; frisch bis feucht; sonnig.
Verwendung: Einzeln oder in kleinen Gruppen. Bienenweide.
Vermehrung: Teilung im Vorfrühling.
Sorte: 'Goldball', Li, goldgelb, gefüllt, wuchernd, 160 cm, reich blühend, häufig verwendet (Bild). 'Goldquelle', *, hellgelb, gefüllt, 70 cm, straff aufrecht.
Hinweis: Vor Schnecken schützen.

Rudbeckia nitida
Fallschirm-Sonnenhut
Asteraceae, Asterngewächse

Heimat: N-Amerika.
Wuchsform: Aufrecht, horstig.
Blatt: Grundblätter, glänzend, nicht geschlitzt, sondern breit-lanzettlich, gezähnt, hellgrün.
Blüte: Hängende Strahlenblüten mit grüner Scheibe, hellgelb, VIII– IX.
Fruchtstand: Kegelförmige Köpfchen.
Standort: Feuchte Plätze in voller Sonne, nährstoffreiche Böden.
Lebensbereiche: <u>B,2–,so</u>: Beet; frisch; sonnig. Auch <u>Freifläche</u> und <u>Wasserrand</u>.
Verwendung: Einzeln oder in kleinen Gruppen. Bienenweide. Schnittpflanze. Trockenbinderei.
Vermehrung: Teilung im Vorfrühling.
Sorte: 'Herbstsonne', **, 180 cm, goldgelb, bis 12 cm groß, einfach, Zungenblüten hängend (Bild).
Hinweis: Vor Schnecken schützen.

30/140–180 cm		30/100 cm
VII–IX		VIII– IX
D; w		D; S
I		I
1–2		I

Sagittaria sagittifolia
Pfeilkraut
Alismataceae, Froschlöffe-
gewächse

Heimat: Skandinavien, Russland, Sibirien.
Wuchsform: Aufrecht, knolliger Wurzelstock,
Ausläufer treibend.
Blatt: Pfeilförmig, lang gestielt, grün, im
Herbst gelb. Grundblätter variieren in Form
und Größe je nach Standort.
Blüte: 3 Kronblätter, weiß, gelbe Staubblätter,
in etagenförmigen Quirlen, VI–VIII.
Frucht: Kugelig.
Standort: Am Teichrand in
schweren Böden in meist sonni-
gen Lagen.
Lebensbereiche: <u>WR,4–5,so–hs</u>:
Wasserrand; sumpfig bis flaches
Wasser; sonnig bis halbschattig.
Verwendung: Wasserflächen al-
ler Art, Pflanztiefe –40 bis
–10 cm.
Vermehrung: Teilung, Abtren-
nen der Ausläufer.
Sorte: 'Plena', weiß gefüllte Blü-
ten.
Hinweis: Selbstaussaat.

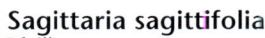

Salvia nemorosa
Steppen-Salbei
Lamiaceae, Taubnesselgewächse

Heimat: Europa, Kleinasien, Iran.
Wuchsform: Straff aufrecht, horstig.
Blatt: Oval-lanzettlich, runzelig, kreuzgegen-
ständig, mattgrün.
Blüte: Lippenblüten in dichten Ähren, vio-
lett, VI–VII.
Frucht: Nüsschen.
Standort: Magere, durchlässige Kalkböden in
voller Sonne.
Lebensbereiche: <u>Fr,2,so</u>: Freifläche; frisch;
sonnig. Auch <u>Steppenheide</u>.
Verwendung: In kleinen oder
größeren Gruppen in Steppengärten und zu Rosen. Extensive
Dachbegrünung.
Vermehrung: Aussaat, Teilung
im Vorfrühling, Stecklinge im
Sommer.
Sorte: Gartenwürdiger und kom-
pakter als die Art: 'Blauhügel', 40
cm, lavendelblau; 'Ostfriesland',
40 cm, violett; 'Rügen', **, 40
cm, leuchtend blau (Bild).

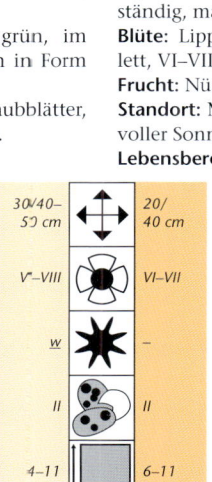

30/40–50 cm	20/40 cm
V–VIII	VI–VII
w	–
II	II
4–11	6–11

Salvia pratensis subsp. **haematodes**
Sommer-Salbei
Lamiaceae, Taubnesselgewächse

Heimat: S-Europa.
Wuchsform: Straff aufrecht, horstig.
Blatt: Ei-lanzettlich, runzelig, kreuzgegenständig, dunkelgrün, aromatisch duftend.
Blüte: Große Lippenblüten in dichten Ähren, hell lavendelblau, VI–VIII.
Frucht: Nüsschen.
Standort: Magere, durchlässige Kalkböden in voller Sonne.
Lebensbereiche: <u>Fr,1,so</u>: Freifläche; trocken; sonnig. Auch <u>Steppenheide</u>.
Verwendung: Einzeln in Steppengärten und zu Strauchrosen.
Vermehrung: Aussaat, Teilung im Vorfrühling.
Sorte: 'Mittsommer', Li, hell lavendelblau, dicht blühend (Bild).
Hinweis: Vor Schnecken schützen.

Saponaria ocymoides
Rotes Seifenkraut
Caryophyllaceae, Nelkengewächse

Heimat: Gebirge SW-Europas.
Wuchsform: Niederliegend, horstig. Polster bis 60 cm breit.
Blatt: Spatelig, gegenständig, an dünnen, gabelig verzweigten Stielen, grün.
Blüte: Klein, 5-zählig, in lockeren Trugdolden, karminrot, V–VII.
Frucht: Klein, becherartig, oft Selbstaussaat.
Standort: Trockene Kalkhänge und Geröllflächen in voller Sonne.
Lebensbereiche: <u>SF,1,so</u>: Steinfugen; trocken; sonnig. Auch <u>Mauerkronen</u>, <u>Steinanlagen</u>.
Verwendung: Für Steingartenbereiche aller Art, Trockenmauern und Böschungen.
Vermehrung: Aussaat im Frühling, Sorten durch Stecklinge zur Blütezeit.
Sorte: 'Snow Tip', weiß; 'Rubra Compacta', rot.
Hinweis: Geschützte Wildpflanze.

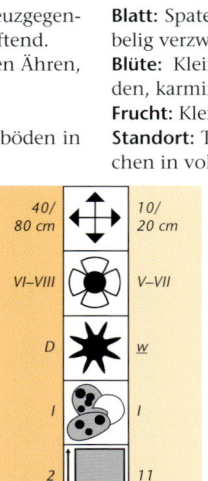

40/80 cm	↔	10/20 cm
VI–VIII	✿	V–VII
D	✸	<u>w</u>
	🐞	I
2	▢	11

Saxifraga × arendsii
Moos-Steinbrech
Saxifragaceae, Steinbrech-
gewächse

Heimat: Züchtung, Arten aus N-Europa und
Amerika.
Wuchsform: Kissenförmig, vieltriebige Roset-
tenpflanze, bildet moosartige Polster.
Blatt: Rosettenförmig angeordnet, fieder-
schnittig, immergrün.
Blüte: Schalenförmig, zu mehreren auf dün-
nen Stielen, karminrosa, IV–V.
Frucht: 2-fächrige Kapsel.
Standort: Humose, durchlässige
Böden im Halbschatten.
Lebensbereiche: <u>St,2,abs:</u> Stein-
anlagen; frisch; absonnig. <u>MK</u>.
Verwendung: Für Steingärten al-
ler Art, Trockenmauern, Dach-
gärten, Gefäße, vor Gehölzen.
Vermehrung: Teilung, III.
Sorte: Meist Züchtungen aus *S.
decipiens* und *S. hypnoides*. 'Blü-
tenteppich', *, rosa; 'Leuchtkä-
fer', *, rot; 'Schneeteppich', *,
weiß; 'Schwefelblüte', gelb.
Hinweis: Nicht in der Sonne.

Saxifraga × irvingii
Vorfrühlings-Steinbrech,
Kabschia-Steinbrech
Saxifragaceae, Steinbrech-
gewächse

Heimat: Züchtung: *S. burseriana* × *S. lilacina*.
Wuchsform: Kissenförmig, vieltriebige Roset-
tenpflanze, bildet moosartige Polster.
Blatt: Rosettenförmig angeordnet, nadelartig,
graugrün, immergrün.
Blüte: Schalenförmig, fast sitzend, rosa,
III–IV.
Frucht: 2-fächrige Kapsel.
Standort: Durchlässige Böden
im Halbschatten. Ideal: Ostlagen.
Lebensbereiche: <u>A,2,abs:</u> Alp-
num; frisch; absonnig. <u>Steinfu-
gen</u>.
Verwendung: Für alpine Stein-
gärten, in Tuffsteinen und Tro-
ckenmauern, Gefäße.
Vermehrung: Rosettenstecklinge
im Oktober.
Sorte: 'Mother of Pearl', zartrosa;
'Walter Irving', rosa (Bild).
Hinweis: Mit Topfballen pflan-
zen.

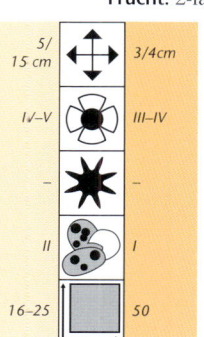

5/ 15 cm		3/4cm
IV–V		III–IV
–		–
II		I
16–25		50

Saxifraga paniculata
Trauben-Steinbrech
Saxifragaceae, Steinbrech-
gewächse

Heimat: Arktisch-alpine Art, Alpen, Kaukasus, N-Amerika.
Wuchsform: Rosettenpolster, Nebenrosetten an kurzen Stolonen bildend.
Blatt: Zungenförmig bis spatelig, gezähnt, starr, bis 5 cm lang, graugrün, immergrün.
Blüte: Schalenblüte, 5-blättrig, an verzweigter Doldenrispe, weiß, V–VI.
Frucht: 2-fächrige Kapsel.
Standort: Sonnige Steinfugen oder im Geröll von Kalkfelsen.
Lebensbereiche: SF,2,so–abs: Steinfugen; frisch; sonnig bis absonnig. Steinanlagen, Alpinum.
Verwendung: Einzeln oder in kleinen Gruppen im Steingarten.
Vermehrung: Teilung der Rosettenpolster im Vorfrühling, Stecklinge im Herbst.
Sorte: 'Baldensis', kleinrosettig, weiß. Viele Unterarten.
Hinweis: Diese „Krustensteinbreche" bilden starre Polster.

Saxifraga umbrosa
Porzellanblümchen
Saxifragaceae, Steinbrech-
gewächse

Heimat: Pyrenäen.
Wuchsform: Rosettenartig, Nebenrosetten an kurzen Stolonen.
Blatt: Eiförmig, gekerbt, immergrün.
Blüte: Weiß mit roten Punkten an lockern Blütenrispen, V–VI.
Frucht: 2-fächrige Kapsel.
Standort: Schattige Wiesenhänge der Berge, meist auf Urgesteinsböden.
Lebensbereiche: GR,2,abs: Gehölzrand; frisch; absonnig. Auch Steinanlagen.
Verwendung: Als Bodendecker oder Einfassung für Schattenpartien. Reich blühend.
Vermehrung: Teilung der Polster.
Weitere Art: In den Gärten ist meist *S. × urbium* verbreitet, anspruchsloser, reicher blühend.
Sorte: 'Clarence Elliot', rosa, 20 cm, für Gräber und Steingärten.

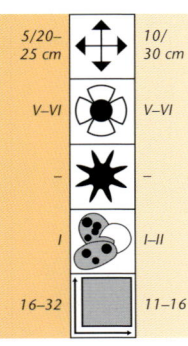

5/20–25 cm		10/30 cm
V–VI		V–VI
–		–
I		I–II
16–32		11–16

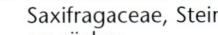

Scabiosa caucasica
Garten-Skabiose
Dipsacaceae, Kardengewächse

Heimat: Kaukasus. Züchtungen.
Wuchsform: Aufrecht bis bogig, horstig.
Blatt: Grundblätter lanzettlich, graugrün, Stängelblätter fiederspaltig.
Blüte: Schalenförmige, bis 5 cm große Blütenköpfe, lang gestielt, violett, VII–IX.
Fruchtstand/Frucht: Köpfchen, Samen mit trockenhäutigem Pappus.
Standort: Sonnige Wiesenflächen in durchlässigem, kalkhaltigen Boden.
Lebensbereiche: B,2,so: Beet; frisch; sonnig. Auch beetstaudenähnliche Freifläche.
Verwendung: Beet- und Rabattenstaude. Schnittpflanze.
Vermehrung: Teilung im Frühling, Stecklinge im Sommer.
Sorte: 'Blauer Atlas', **, violettblau; 'Miss Willmott', **, weiß; 'Nachtfalter', **, violettblau (Bild).
Hinweis: Rückschnitt nach der Blüte wichtig. Auf Mehltau und Spinnmilben achten.

Scilla siberica
Blausternchen
Hyacinthaceae, Hyazinthen-
gewächse

Heimat: Südrussland, Kaukasus, Vorderasien.
Wuchsform: Aufrecht, horstige Zwiebelpflanze.
Blatt: Breit-lineal mit kappenförmiger Spitze, grün, zieht nach der Blüte 1-, 2- bis 4-blättrig.
Blüte: Mehrblütig, nickend, über dem Laub, azurblau, III–IV.
Frucht: Kugelig, enthält viele Samen.
Standort: Humose, durchlässige Kalkböden, meist in sonnigen Lagen unter spätaustreibenden Gehölzen.
Lebensbereiche: Fr,2,so: Freifläche; frisch; sonnig. Auch im Halbschatten.
Verwendung: In größeren Gruppen in halbschattiger Lage unter Laubgehölzen. Attraktiv zu Seidelbast und Christrose.
Vermehrung: Aussaat.
Sorte: 'Spring Beauty', dunkelblau, steril.

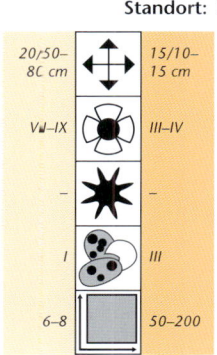

20/50–80 cm	15/10–15 cm
VII–IX	III–IV
–	–
I	III
6–8	50–200

Sedum album
Weißer Mauerpfeffer
Crassulaceae, Dickblattgewächse

Heimat: Europa, Asien, N-Afrika.
Wuchsform: Teppichartig, lockerrasig, Triebe dicht beblättert.
Blatt: Lineal, walzlich, dick, dunkelgrün oder rötlich.
Blüte: In Doldenrispen, weiß, VI–VII.
Frucht: 5-teilige Kapsel.
Standort: Durchlässige, nährstoffarme Stellen auf Mauern, Dächern und Felsen.
Lebensbereiche: FS,1,so: Felssteppe; trocken, sonnig. Auch Matten und Mauerkronen.
Verwendung: Rasenersatz für sonnige Böschungen. Bodendecker für trockenste Lagen. Gräber. Extensive Dachbegrünung.
Vermehrung: Teilung, auch Sprossenteilung.
Sorte: 'Coral Carpet', w, rot im Winter, sonst grün; 'Laconicum', üppig grün; 'Micranthum Chloroticum', klein, grün: 'Murale', braunrot.

Sedum floriferum 'Weihenstephaner Gold'
Gold-Fetthenne
Crassulaceae, Dickblattgewächse

Heimat: Die Art stammt aus Nordostchina. Züchtungen.
Wuchsform: Niederliegend, teppichbildend, lockerrasig, horstig, Triebe dicht beblättert.
Blatt: Spatelförmig bis lanzettlich, Rand gekerbt, verdickt, immergrün.
Blüte: In Doldenrispen, goldgelb, VI–VII.
Frucht: 5-teilige Kapsel.
Standort: Durchlässige, nährstoffarme Stellen aller Art, in voller Sonne.
Lebensbereiche: Fr,1–3,so: Freifläche; trocken bis feucht, sonnig. Auch Matten.
Verwendung: Rasenersatz und Bodendecker für sonnige Böschungen. Extensive Dachbegrünung. Gräber.
Vermehrung: Teilung, auch Stecklinge.

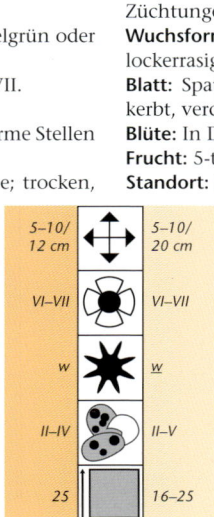

5–10/12 cm	5–10/20 cm
VI–VII	VI–VII
w	w
II–IV	II–V
25	16–25

Sedum spurium
Teppichfettblatt
Crassulaceae, Dickblattgewächse

Heimat: Armenien, Kaukasus, Iran.
Wuchsform: Kriechend bis aufstrebend teils wurzelnd.
Blatt: Rundlich, am Rand gekerbt, gegenständig, dunkelgrün, wintergrün.
Blüte: In Doldenrispen, sternförmig, rosa, VI–VIII.
Frucht: 5-teilige Kapsel.
Standort: Durchlässige, nährstoffarme Plätze, besonders auf Sandböden.
Lebensbereiche: F̲r̲,2,s̲o̲: Freifläche; frisch, sonnig. Auch G̲e̲hölzrand.
Verwendung: Rasenersatz und Bodendecker für sonnige Böschungen. Extensive Dachbegrünung. Gräber.
Vermehrung: Teilung, auch Sprossenteilung.
Sorte: 'Album Superbum', weiß; 'Fuldaglut', w̲, Blätter und Blüten rot; 'Tricolor', rot-weiß-grüne Blättchen.

Sedum telephium 'Herbstfreude'
Hohe Fetthenne
Crassulaceae, Dickblattgewächse

Heimat: Die Art ist von Europa bis W-Asien beheimatet. Züchtung.
Wuchsform: Aufrecht, horstig, Triebe dicht beblättert.
Blatt: Eiförmig, bläulich grün, im Herbst gelb.
Blüte: Sternförmig, 6–8 mm groß, in dichten Doldenrispen, rostrot, VIII–IX.
Frucht: 5-teilige Kapsel. Braune Fruchtstände halten den ganzen Winter. Hoher Zierwert
Standort: Durchlässige, nährstoffreiche Böden, Sonne.
Lebensbereiche: F̲r̲,1,s̲o̲, –b̲: Freifläche; trocken, sonnig, beestaudenähnlich. B̲e̲e̲t̲, F̲e̲l̲s̲s̲t̲e̲p̲p̲e̲.
Verwendung: Sonnige Beete an Gebäuden, Terrassen. Sukkulentengärten. Schnittpflanze. Trockenbinderei.
Vermehrung: Teilung im Frühling.
Sorte: 'Matrona', rosa, Laub dunkel.

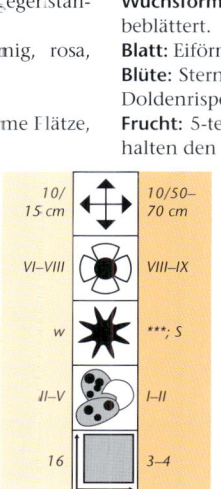

10/15 cm	10/50–70 cm
VI–VIII	VIII–IX
w	***; S
II–V	I–II
16	3–4

Sempervivum arachnoideum
Spinnweb-Hauswurz
Crassulaceae, Dickblattgewächse

Heimat: Alpen, Pyrenäen bis Karpaten.
Wuchsform: Rosetten polsterförmig, viele Nebenrosetten bildend. Nach der Samenreife stirbt die Rosette ab.
Blatt: Spitz-eiförmig, fleischig-sukkulent, in weißen, kugeligen Rosetten, 1 cm.
Blüte: Sternblüte in endständigen Trugdolden, karminrot, VI–VII.
Frucht: Sternartige Kapsel.
Standort: Urgesteinsfelsspalten in voller Sonne. Durchlässige, magere, saure Böden.
Lebensbereiche: <u>SF</u>,1,<small>SO</small>: Steinfugen; trocken; sonnig. Auch <u>Mauerkronen</u>, <u>Steinanlagen</u>, <u>Alpinum</u>.
Verwendung: Für Steinfugen, vorwiegend Silikaktfelsen, Tröge.
Vermehrung: Teilung, Abtrennen der Tochterrosetten ganzjährig. Aussaat im Vorfrühling.
Sorte: 'Rheinkiesel', rot; 'Baby Boo', weiß.
Hinweis: Geschützte Wildpflanze.

Sempervivum calcareum
Rotspitz-Hauswurz
Crassulaceae, Dickblattgewächse

Heimat: Französiche See-Alpen.
Wuchsform: Rosetten polsterförmig, viele Nebenrosetten bildend. Nach der Samenreife stirbt die Rosette ab, Tochterrosetten füllen die Lücke rasch.
Blatt: Spitz-eiförmig, sukkulent, in kugeligen, blaugrünen Rosetten, rötliche Spitze, 4 cm.
Blüte: Sternblüte in endständigen Trugdolden, blassrosa, VI–VII. Blüht selten.
Frucht: Sternartige Kapsel.
Standort: Kalkfelsspalten in voller Sonne. Durchlässige, magere Böden.
Lebensbereiche: <u>SF</u>,1,<small>SO</small>: Steinfugen; trocken; sonnig. Auch <u>Mauerkronen</u>, <u>Steinanlagen</u>, <u>Alpinum</u>.
Verwendung: Für Steinfugen, vorwiegend Kalkfelsen, Schalen, Tröge aller Art, Dächer.
Vermehrung: Teilung.
Sorte: 'Mrs. Giuseppi', kompakt (Bild); 'Sir William Lawrence'.
Hinweis: Geschützte Wildpflanze.

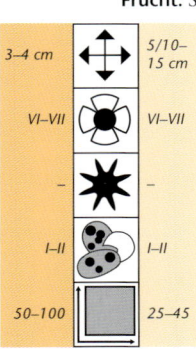

3–4 cm	5/10–15 cm
VI–VII	VI–VII
–	–
I–II	I–II
50–100	25–45

Sempervivum tectorum
Dach-Hauswurz
Crassulaceae, Dickblattgewächse

Heimat: Von den Pyrenäen über die Alpen bis zum Balkan.

Wuchsform: Rosettenpolster, Nebenrosetten bildend. Nach der Samenreife stirbt die Rosette ab, Tochterrosetten füllen die Lücke.

Blatt: Spitz-eiförmig, sukkulent, in kugeligen, graugrünen Rosetten, 4–12 cm.

Blüte: Sternblüte in endständigen Trugdolden, rosa, VI–VII.

Frucht: Sternartige Kapsel, feine Samen.

Standort: Kalkfelsspalten in voller Sonne. Durchlässige, magere Böden.

Lebensbereiche: <u>SF</u>,1,so: Steinfugen; trocken; sonnig. Auch <u>Mk</u>, <u>St</u>, <u>A</u>.

Verwendung: Für Steinfugen, vorwiegend Kalkfelsen, Schalen, Tröge aller Art.

Vermehrung: Teilung.

Sorte: 'Atropurpureum', Rosetten trüb rot, groß; 'Triste', hechtgrau; 'Royanum', hellgrün.

Hinweis: Geschützte Wildpflanze.

Sempervivum-Sorten
Garten-Hauswurz, Steinrose
Crassulaceae, Dickblattgewächse

Heimat: Züchtung.

Wuchsform: Rosettenpolster, Nebenrosetten bildend. Rosetten sterben nach der Samenreife ab, Tochterrosetten füllen die Lücke.

Blatt: Spitz-eiförmig, fleischig-sukkulent, in breiten Rosetten, 4–15 cm. Größe und Farbe je nach Sorte, variiert auch je nach Jahreszeit.

Blüte: Sternblüte, rosa, VI–VII.

Frucht: Sternartige Kapsel.

Standort: Felsspalten in voller Sonne. Durchlässige, nährstoffreichere Böden.

Lebensbereiche: <u>SF</u>,1,so: Steinfugen; trocken; sonnig. Auch <u>Mauerkronen</u>, <u>Steinanlagen</u>.

Verwendung: Für Schalen und Tröge aller Art. Dachbegrünung.

Vermehrung: Teilung, Abtrennen der Tochterrosetten.

Sorte: 'Othello', violett; 'Mount Hood', im Winter dunkelrot; 'Reinhard', grün mit braunen Spitzen; 'Tambora', Rosette 2 cm, rot mit grün, sehr dicht.

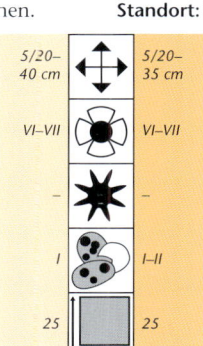

5/20–40 cm	5/20–35 cm
VI–VII	VI–VII
–	–
I	I–II
25	25

Solidago-Sorten
Garten-Goldrute
Asteraceae, Asterngewächse

Heimat: Die Arten stammen aus N-Amerika. Züchtungen.
Wuchsform: Aufrecht, horstig.
Blatt: Lanzettlich, gesägt, frischgrün.
Blüte: Klein, Körbchenblüten an dichten, endständigen Rispen, goldgelb, VII–VIII.
Frucht: Samen mit Pappus.
Standort: Sonnige, nährstoffreiche Gartenböden.
Lebensbereiche: B,2,so: Beet; frisch; sonnig. Auch Freifläche.
Verwendung: Beete und Rabatten. Schnittpflanze. Bienenweide.
Vermehrung: Teilung im Frühling.
Sorte: 'Goldwedel', locker, gelb, 60 cm; 'Strahlenkrone', ***, goldgelb, gedrungen, 70 cm.
Hinweis: Die Gartensorten sind anspruchsvoller als die Wildarten.

× Solidaster luteus
Goldrutenaster
Asteraceae, Asterngewächse

Heimat: Gattungsbastard zwischen *Aster ptarmicoides* und einer *Solidago*-Art.
Wuchsform: Aufrecht, bogig überhängend, horstig.
Blatt: Schmal-lineal, grün, Stiel beblättert.
Blüte: Kleine Körbchenblüten in reichverzweigten Sträußen, hellgelb, VII–IX.
Fruchtstand/Frucht: Kleine Körbchen. Samen mit Pappus.
Standort: Durchlässige Böden in voller Sonne.
Lebensbereiche: Fr,1,so: Freifläche; trocken; sonnig. Auch Steppenheide.
Verwendung: Schnittpflanze. Bienenweide.
Vermehrung: Teilung und Stecklinge.
Hinweis: Fällt auseinander, daher Stütze notwendig.

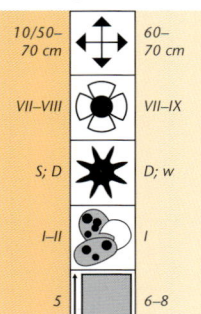

10/50–70 cm	60–70 cm
VII–VIII	VII–IX
S; D	D; w
I–II	I
5	6–8

Stachys byzantina
(Syn.: Stachys lanata)
Woll-Ziest
Lamiaceae, Taubnesselgewächse

Heimat: Krim, Kaukasus bis N-Iran.
Wuchsform: Flach, ausgebreitet, kriechend, Blütenstiele aufrecht.
Blatt: Eiförmig, gestielt, dicht graufilzig behaart, wintergrün.
Blüte: Kleine Lippenblüten, wenig auffällig, quirlständig, rosa, VII–IX.
Frucht: Kleine Nüsschen.
Standort: Durchlässige Böden in voller Sonne, verträgt keine Staunässe.
Lebensbereiche: <u>FS,1,so</u>: Felssteppe, trocken, sonnig. Auch <u>Freifläche</u>.
Verwendung: Wichtiger Bodendecker für trockene Lagen. Bienenweide.
Vermehrung: Teilung im Vorfrühling.
Sorte: 'Silver Carpet', <u>w</u>, blüht wenig, daher idealer Bodendecker für große Flächen.
Hinweis: Blütenstiele nicht standfest, Polster leiden.

Stipa capillata
Büschelhaargras
Poaceae, Süßgräser

Heimat: S-Europa bis Sibirien.
Wuchsform: Aufrecht bis bogig, lockerhorstig.
Blatt: Grasartig, schmal, grau, immergrün.
Blüte: Unbehaarte, nur bis 20 cm lange Grannen, hellbraun, in Blütenrispen, VII– VIII.
Fruchtstand/Frucht: Karyopse klein, schmal, bleibt länger an der Rispe.
Standort: Durchlässige, magere Böden in voller Sonne.
Lebensbereiche: <u>SH,1,so</u>: Steppenheide; trocken; sonnig. Auch <u>Felssteppe</u>.
Verwendung: Einzeln oder in kleinen Gruppen in Böschungen, Dächer, Steingärten. Schnittpflanze. Trockenbinderei (vor der Reife schneiden).
Vermehrung: Aussaat nach der Samenreife oder im Frühling.
Ähnliche Art: *S. gigantea*, Riesenfedergras, 200 cm, prächtige Solitärstaude, goldene Grannen.

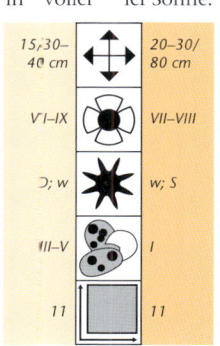

15,30–40 cm	20–30/80 cm
VI–IX	VII–VIII
○; w	w; S
III–V	I
11	11

Stipa pennata
Flausch-Federgras
Poaceae, Süßgräser

Heimat: Mittel- und S-Europa.
Wuchsform: Überhängend, horstig.
Blatt: Grasartig, grün, wintergrün, Unterseite glatt.
Blüte: Behaarte Grannen, 20 cm lang, im Wind waagerecht abstehend, VI–VII.
Frucht: Karyopse, 1 cm lang, mit nadelfeiner Spitze.
Standort: Durchlässige Böden in voller Sonne, Steppenpflanze.
Lebensbereiche: <u>SH,1,so</u>: Steppenheide; trocken; sonnig. Auch <u>Felssteppe</u>.
Verwendung: Einzeln oder in Gruppen in steppenartigen Pflanzungen, Böschungen. Schnittpflanze. Trockenbinderei (vor der Fruchtreife ernten).
Vermehrung: Aussaat im Frühling.

Stipa barbata
Reiher-Federgras
Poaceae, Süßgräser

Heimat: Östliches Mitteleuropa.
Wuchsform: Überhängend, horstig.
Blatt: Grasartig, graugrün, wintergrün.
Blüte: Behaarte Grannen, 40 cm lang, im Wind waagerecht abstehend, VII–VIII.
Frucht: Karyopse, 2 cm lang, mit nadelfeiner Spitze.
Standort: Durchlässige Kalkböden in voller Sonne, wärmeliebende Steppenpflanze.
Lebensbereiche: <u>SH,1,so</u>: Steppenheide; trocken; sonnig. Auch <u>Felssteppe</u>.
Verwendung: Einzeln oder in kleinen Gruppen in steppenartigen Pflanzungen, Böschungen, Schnittpflanze. Trockenbinderei (vor der Fruchreife schneiden).
Vermehrung: Aussaat im Frühling oder nach der Fruchtreife. Samen bohrt sich in die Erde.

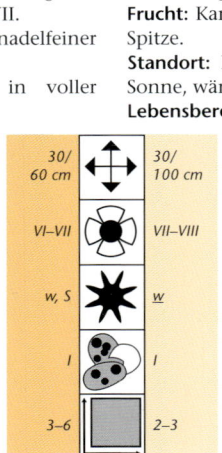

30/60 cm	↔	30/100 cm
VI–VII	✿	VII–VIII
w, S	✴	<u>w</u>
I		I
3–6	▢	2–3

Stratiodes aloides
Krebsschere
Hydrocharitaceae, Froschbiss-
gewächse

Heimat: Mitteleuropa bis zum Kaukasus.
Wuchsform: Rosettige Schwimmpflanze, auch submers. Bildet Ausläufer.
Blatt: 15–45 cm lang, lineal-lanzetlich steif, am Rand bestachelt, mattgrün. Trichterförmige Rosette im Winter untergetaucht, im Sommer halb aus dem Wasser ragend.
Blüte: Zweihäusig, 3 weiße Kronblätter, wenig auffällig, VI–VII.
Frucht: Selten, weil es meist eingeschlechtliche Bestände gibt.
Standort: Stehende oder schwach fließende, kalkfreie Gewässer in meist sonniger Lage.
Lebensbereiche: <u>W,8,sc–hs</u>: Wasser; freischwimmende Pflanzen; sonnig bis halbschattig.
Verwendung: Für Teiche.
Vermehrung: Abtrennen der dünnen Ausläufer.
Besonderes: Die Rosette bildet im Wasser lange Wurzeln, mit Überwinterungsknospen.

Tanacetum coccineum
(Syn.: Chrysanthemum coccineum, Pyrethrum roseum)
Bunte Margerite
Asteraceae, Asterngewächse

Heimat: Armenien, Iran, Kaukasus.
Wuchsform: Aufrecht, lockerhorstig.
Blatt: Doppelt fiederschnittig, grün.
Blüte: Körbchen mit rosafarbenen Zungenblüten an langem Stiel, bis 8 cm breit, V–VI.
Fruchtstand: Körbchen.
Standort: Bergwiesen in voller Sonne, nährstoffreiche, lehmig-humose Böden.

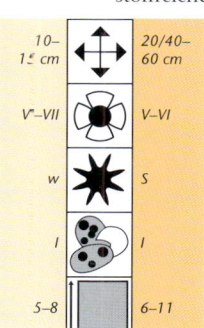

Lebensbereiche: <u>Fr,2,so</u>: Freifläche; frisch; sonnig.
Verwendung: Einzeln oder in kleinen Gruppen, auch auf Rabatten. Schnittpflanze.
Vermehrung: Teilung im Frühling, sonst kurzlebig.
Sorte: Anspruchsvoller als die Art sind: 'Alfred', Li, rot gefüllt; 'Eileen May Robinson', ***, rosa; 'Regent', **, rot.

10–15 cm	20/40–60 cm
V–VII	V–VI
w	S
I	I
5–8	6–11

Teucrium chamaedrys
Edel-Gamander
Lamiaceae, Taubnesselgewächse

Heimat : Mittel- und S-Europa, Kaukasus.
Wuchsform: Flach, ausläufertreibender Halb-
strauch, Blütenstiele aufrecht.
Blatt: Gegenständig, eirund, klein, Rand ge-
kerbt, sommergrün, weich behaart.
Blüte: In einseitswendiger Scheintraube, rosa,
VII–VIII.
Frucht: Nüsschen.
Standort: Durchlässige Kalkböden in sonni-
ger Lage.
Lebensbereiche: <u>SH,1–2,so</u>:
Steppenheide; trocken bis frisch;
sonnig. Auch <u>Steinfugen</u>.
Verwendung: Vollsonnige Bö-
schungen und Geröllhänge mit
Steppenheidecharakter. Dachbe-
grünung. Heilpflanze.
Vermehrung: Teilung im Früh-
ling.
Sorte: 'Nana', nur 10 cm hoch.
Hinweis: Sehr anspruchslos.

Teucrium massiliense
Garten-Gamander
Lamiaceae, Taubnesselgewächse

Heimat : Westliches Mittelmeergebiet, Kreta.
Wuchsform: Buschig, Halbstrauch, horstig.
Blatt: Gegenständig, eirund, klein, Rand ge-
kerbt, immmergrün.
Blüte: In einseitswendiger Scheintraube, vio-
lettrosa, VII–VIII.
Frucht: Nüsschen.
Standort: Durchlässige Kalkböden in sonni-
ger Lage.
Lebensbereiche: <u>FH,1–2,so</u>: Felssteppe; tro-
cken bis frisch; sonnig. Auch
<u>Steppenheide</u>, <u>Freifläche</u>.
Verwendung: Vollsonnige Bö-
schungen und Geröllhänge mit
Steppenheidecharakter. Dachbe-
grünung. Grabstätten. Niedrige
Einfassungen.
Vermehrung: Teilung im Früh-
ling, Stecklinge im Sommer, Aus-
saat.
Hinweis: Laub kann in strengen
Wintern leiden.

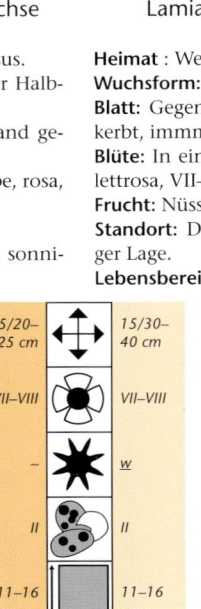

5/20–25 cm		15/30–40 cm
VII–VIII		VII–VIII
–		w
II		II
11–16		11–16

Thalictrum aquilegifolium
Akeleiblättrige Wiesenraute,
Amstelraute
Ranunculaceae, Hahnenfuß-
gewächse

Heimat: Europa, Japan. Sibirien.
Wuchsform: Aufrecht, horstig.
Blatt: Zweifach 3-teilig gelappt, akeleiähn-
lich, grün.
Blüte: In endständiger Doldenrispe, Blüten-
blätter fehlen, Staubblätter lilarosa, stark ent-
wickelt, daher in der Erscheinung flauschig.
Frucht: Kleine Balgfrucht.
Standort: Humose, durchlässige
Böden in Bergwiesen, Waldrand,
leicht beschattet.
Lebensbereiche: Fr,2–3,so–abs:
Freifläche; frisch bis feucht; son-
nig bis absonnig. Gehölzrand.
Verwendung: Einzeln am Ge-
hölzrand in mehr sauren Böden.
Schnittpflanze.
Vermehrung: Aussaat und Tei-
lung im Frühling.
Sorte: 'Album' weiß, w; 'Atro-
purpureum', violett.

Thymus praecox
var. pseudolanuginosus
Woll-Thymian
Lamiaceae, Taubnesselgewächse

Heimat: W-Europa.
Wuchsform: Mattenartig kriechend und teilweise wurzelnd.
Blatt: Oval, 3 mm lang, dicht behaart, matt-
grau, immergrün.
Blüte: Lippenblütchen, rosa, selten, VI–VII.
Frucht: Nüsschen, werden selten ausgebildet.
Standort: Leichte, durchlässige und humus-
arme Plätze in voller Sonne, wärmeliebend.
Lebensbereiche: FS,1,so: Fels-
steppe; trocken; sonnig. Auch
Steppenheide und Steinanlagen.
Verwendung: Mattenbildner für
sonnige Böschungen, Steingär-
ten und Trockenmauern. Attrak-
tiv zusammen mit kleinen Zwie-
belgewächsen.
Vermehrung: Teilung des Pols-
ters im Frühling.
Hinweis: Laub kann in strengen
Wintern leiden.

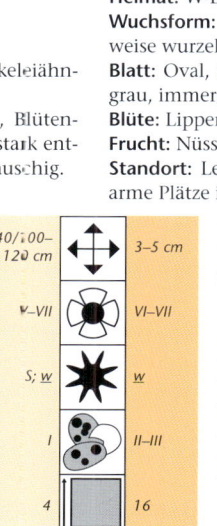

40/100–120 cm	3–5 cm
V–VII	VI–VII
S; w	w
I	II–III
4	16

Thymus serpyllum
Feld-Thymian, Quendel
Lamiaceae, Lippenblütler

Heimat: Europa.
Wuchsform: Mattenartig kriechend, teilweise wurzelnd, am Grunde verholzt.
Blatt: Oval, 3–5 mm lang, dicht behaart, immergrün.
Blüte: Lippenblütchen in mehrblütigen Scheinquirlen, violettrosa, VI–IX.
Frucht: Nüsschen.
Standort: Leichte, durchlässige, humus- und kalkarme Plätze in voller Sonne.
Lebensbereiche: FS,1,so: Fels-steppe; trocken; sonnig. Auch Matten, Heide und Steinanlagen.
Verwendung: Mattenbildner für sonnige Böschungen, Steingärten und Trockenmauern. Extensive Dachbegrünung. Attraktiv zusammen mit kleinen Zwiebelgewächsen.
Sorte: 'Albus', w, weiß; 'Cocci-neus', w, karmesinrot.
Vermehrung: Teilung der Polster im Frühling.

Tiarella cordifolia
Schaumblüte
Saxifragaceae, Steinbrech-
gewächse

Heimat: Östliches N-Amerika.
Wuchsform: Flächig, kriechend, teilweise wurzelnd.
Blatt: Herzförmig, 5- bis 7-teilig gelappt, grün, behaart, braunrotes Herbstlaub.
Blüte: In aufrechten Trauben über dem Laub, Einzelblüte sternförmig, weiß, V–VI.
Frucht: 2-klappige Kapseln.
Standort: Humusreiche, kalkarme, lockere Böden im Halbschatten.
Lebensbereiche: G,2,hs–sch: Gehölz; frisch; halbschattig bis schattig. Auch Gehölzrand.
Verwendung: Als Flächendecker unter *Rhododendron* und Gehölzen mit ähnlichen Ansprüchen.
Vermehrung: Teilung im Vorfrühling.
Sorte: 'Moorgrün', w, grün; 'Purpurea', Laub violett.
Ähnliche Art: *T. wherryi*, w, ohne Ausläufer, Laub braun gefleckt.

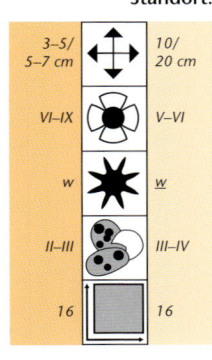

3–5/ 5–7 cm		10/ 20 cm
VI–IX		V–VI
w		w
II–III		III–IV
16		16

Trillium sessile
Waldlilie, Dreiblatt
Trilliaceae, Dreiblattgewächse

Heimat: Östliches N-Amerika.
Wuchsform: Aufrecht, horstig. Zieht nach der Blüte ein. Kurze Rhizome.
Blatt: Eiförmig zugespitzt, sitzend immer 3 zusammen, grün mit braunen Flecken.
Blüte: 3 braunrote Petalen aufrecht, umgeben von 3 grünlichen Sepalen, IV–V.
Frucht: Rötliche Beere.
Standort: Humusreiche Laubwälder, frische, oft sogar feuchte, saure Böden.
Lebensbereiche: G,2,hs–sch: Gehölz; frisch; halbschattig bis schattig. Auch Gehölzrand.
Verwendung: Einzeln oder in kleinen Gruppen zu Moorbeetpflanzen.
Vermehrung: Teilung und Aussaat schwierig, Anzucht langwierig.
Weitere Arten: Angeboten werden auch andere Arten mit verschiedenen Blütenfarbe.
Hinweis: Rarität.

Trollius europaeus
Trollblume
Ranunculaceae, Hahnenfußgewächse

Heimat: Europa, Kaukasus.
Wuchsform: Aufrecht, horstig.
Blatt: Grundständig, am Stängel handförmig geteilt, fiederartig eingeschnitten.
Blüte: Einzeln am Ende des Stieles, hellgelb, kugelig, gelbe Staub- und Honigblätter, V–VI.
Frucht: Vielsamige Balgkapseln.
Standort: Feuchte, kalkarme Wiesen der Berge, meist sonnig.
Lebensbereiche: Fr,3,so: Freifläche; feucht; sonnig. Auch Wasserrand, sumpfig.
Verwendung: Feuchte bis nasse Plätze in kleineren Gruppen.
Vermehrung: Teilung im Frühling, Aussaat sofort nach der Ernte (Schwerkeimer).
Sorte: 'Superbus', zitronengelb, 60 cm. Schnittpflanze. Bienenweide.
Hinweis: Giftige Pflanze. Geschützte Wildpflanze.

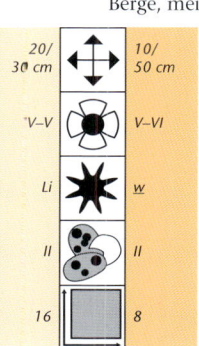

20/30 cm	10/50 cm
V–V	V–VI
Li	w
II	II
16	8

Tulipa × greigii
Gestreifte Wild-Tulpe
Liliaceae, Liliengewächse

Heimat: Die Art stammt aus Zentralasien (Tien Shan-Gebirge). Züchtungen.
Wuchsform: Aufrechte, horstbildende Zwiebelpflanze. Zieht nach der Blüte ein.
Blatt: Breit-lanzettlich zugespitzt, ganzrandig, graugrün, stark braungefleckt.
Blüte: Leuchtend rot mit schwarzgelbem Schlundfleck, geöffnet bis 10 cm, IV–V.
Frucht: 3-klappige Kapsel.
Standort: Durchlässige Böden der Bergwiesenhänge.
Lebensbereiche: Fr,2,so: Freifläche; frisch; sonnig.
Verwendung: In kleinen Gruppen in Beeten und Rabatten sowie Steingärten.
Vermehrung: Brutzwiebeln.
Sorte: Züchtungen in vielen Farben (Bild: 'Rotkäppchen').
Hinweis: Geschützte Wildpflanze. Auf Mäuse und Schnecken achten.

Tulipa gesneriana
Garten-Tulpe
Liliaceae, Liliengewächse

Heimat: SW-Asien, Zentralasien. Züchtungen.
Wuchsform: Aufrechte, horstbildende Zwiebelpflanze. Zieht nach der Blüte ein.
Blatt: Breit-lanzettlich zugespitzt, ganzrandig.
Blüte: Klassifizierung: 1. Einfache Frühe Tulpen; 2. Gefüllte Frühe Tulpen; 3. Triumph-Tulpen; 4. Darwin-Hybrid-Tulpen; 5. Einfache Späte Tulpen; 6. Lilienblütige Tulpen (Bild: 'Queen of Sheba'); 7. Gefranste Tulpen; 8. Viridiflora-Tulpen; 9. Rembrandt-Tulpen; 10. Papagei-Tulpen; 11. Gefüllte Späte Tulpen; 12. Kaufmanniana-Tulpen; 13. Fosteriana-Tulpen; 14. Greigii-Tulpen; 15. Wildtulpen.
Frucht: 3-klappige Kapsel.
Standort: Durchlässige Böden in sonnigen Lagen.
Lebensbereiche: B,2,so: Beet; frisch; sonnig.
Verwendung: In kleinen Gruppen in Beeten und Rabatten.
Hinweis: Geschützte Wildpflanze.

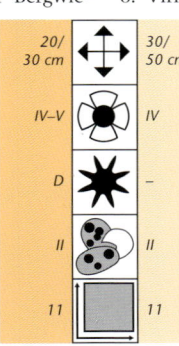

20/ 30 cm	30/ 50 cm
IV–V	IV
D	–
II	II
11	11

Tulipa tarda

Späte Wild-Tulpe
Liliaceae, Liliengewächse

Heimat: Zentralasien, Tien Shan-Gebirge.
Wuchsform: Aufrecht, horstige Zwiebelpflanze. Zieht nach der Blüte ein.
Blatt: Lineal, 2 cm breit, bläulich grün, zu mehreren eine Rosette bildend.
Blüte: Sternförmig, weiß mit gelber Mitte, mehrblütig, IV.
Frucht: 3-klappige Kapsel.
Standort: Warme Lagen in voller Sonne.
Lebensbereiche: St,2,so: Steinanlagen; frisch; sonnig.
Verwendung: Durchlässige Böden in Steingärten.
Vermehrung: Brutzwiebel.
Hinweis: Zwiebel nur 2–3 cm groß. **Geschützte Wildpflanze.**

Typha minima
Kleiner Rohrkolben
Typhaceae, Rohrkolbengewächse

Heimat: Europa, W-Asien bis zum Kaukasus.
Wuchsform: Aufrecht, locker, ausläufertreibende Sumpfpflanze.
Blatt: Sehr schmal, bandförmig, mattgrün.
Blüte: Weibliche Blütenkolben 3–4 cm lang, 1,5–2 cm dick, kastanienbraun. Oberhalb davon befinden sich die männlichen Blüten, grüngelb, unscheinbar, V–VI.
Fruchtstand/Frucht: Kolben, dunkelbraun, im Sommer in viele Samen mit langen Pappushaaren zerfallend.
Standort: Am Rande von stehenden Gewässern. Schwere Böden.
Lebensbereiche: WR,4,so: Wasserrand; sumpfig; sonnig. Auch Freifläche.
Verwendung: Kleinere Wasserflächen, bis –10 cm Tiefe. Auch für Tröge. Trockenbinderei.
Vermehrung: Abtrennen der Ausläufer im Frühling.

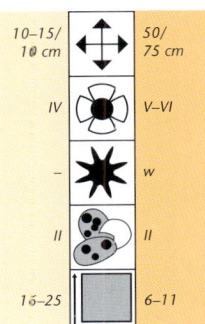

10–15/ 10 cm	50/ 75 cm
IV	V–VI
–	w
II	II
15–25	6–11

Verbascum nigrum
Dunkle Königskerze
Scrophulariaceae, Braunwurz-
gewächse

Heimat: Europa, Sibirien.
Wuchsform: Straff aufrecht, horstig.
Blatt: Herzförmig, langgestielt, 20 cm lang, unterseits graufilzig.
Blüte: Dunkelgelb mit violetten Staubgefäßen, in Blattachseln der Blütenähren, VII–VIII.
Frucht: Rundliche Kapsel.
Standort: Durchlässige, nährstoffreiche Böden in voller Sonne.
Lebensbereiche: <u>Fr,1,so</u>: Freifläche; trocken; sonnig. Auch <u>Steppenheide</u>.
Verwendung: Größere Naturgärten, Wildstaudenpflanzungen an trockenen Plätzen.
Vermehrung: Aussaat im Frühling.
Sorte: 'Album', weiß.
Hinweis: Sehr vitale Staude, Elternteil vieler Sorten.

Veronica beccabunga
Bachbunge, Bach-Ehrenpreis
Scrophulariaceae, Braunwurz-
gewächse

Heimat: Asien, Europa, N-Afrika.
Wuchsform: Niederliegend, kriechend, an den Knoten wurzelnd, Blütentriebe aufrecht.
Blatt: Elliptisch bis rund, gegenständig, 4 cm lang, glänzend grün, kerbig gezähnt.
Blüte: 10–30 Stück in den Blattachseln der Blütentrauben, dunkelblau, V–VIII.
Frucht: Nüsschen.
Standort: Bachränder, Quellfluren, humose Schlammböden, meist sonnig.
Lebensbereiche: <u>WR,4,so–hs</u>: Wasserrand; sumpfig; sonnig bis halbschattig. Auch <u>Freifläche</u>.
Verwendung: Uferzonen stehender und langsam fließender Gewässer, auch für Kaltwasser-Aquarien.
Vermehrung: Abtrennen der bewurzelten Ausläufer einfach.
Besonderes: Heilpflanze.

30/100 cm	20–30/20–30 cm
VII–VIII	V–VIII
w	w
I–II	II
3–4	5–8

Veronica teucrium

Großer Ehrenpreis
Scrophulariaceae, Braunwurz-
gewächse

Heimat: Europa bis Sibirien.
Wuchsform: Aufrecht, horstig.
Blatt: Eiförmig, gegenständig, am Rand ge-
kerbt, 2–7 cm lang.
Blüte: An langen Blütentrauben, blau mit
dunklen Nerven, V–VII.
Frucht: Kapsel.
Standort: Durchlässige, trockene Standorte
auf kalkhaltigen Böden.
Lebensbereiche: Fr,2,so: Freiflä-
che; frisch; sonnig. Auch Step-
penheide, Felssteppe.
Verwendung: Einzeln oder in
Gruppen im Naturgarten oder in
Rabatten.
Vermehrung: Teilung im Früh-
ling.
Sorte: 'Kapitän', w, enzianblau;
'Knallblau', 25 cm, tiefblau.

Vinca minor
Kleines Immergrün
Apocynaceae, Hundsgiftgewächse

Heimat: Europa, Kaukasus.
Wuchsform: Niederliegend, kriechend, am
Grunde verholzend.
Blatt: Breit-lanzettlich, glänzend grün, gegen-
ständig, immergrün, 3–4 cm lang.
Blüte: Mit trichterförmiger Röhre, hellblau,
IV–V.
Frucht: Früchte werden nicht ausgebildet.
Standort: Unter und vor Gehölzen in humo-
sem Boden.
Lebensbereiche: G,2,hs–sch: Ge-
hölz; frisch; halbschattig bis
schattig. Auch Gehölzrand.
Verwendung: Als dichter, strapa-
zierbarer Bodendecker, auch für
trockenere Lagen. Grabstätten.
Heilpflanze.
Vermehrung: Teilung im Frühling.
Sorte: 'Alba', w, weiß; 'Atropurpurea', Li, rot; 'Bowles', w, dunkelblau, 'Gertrude Jekyll', w,
weiß.

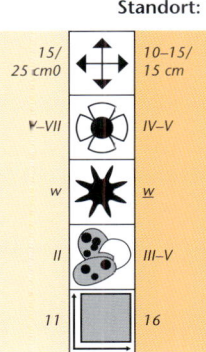

15/ 25 cm0		10–15/ 15 cm
V–VII		IV–V
w		w
II		III–V
11		16

Viola cornuta
Horn-Veilchen
Violaceae, Veilchengewächse

Heimat: Die Art stammt aus den Pyrenäen. Züchtung.
Wuchsform: Niederliegend bis aufrecht, kriechend.
Blatt: Oval, am Rand gekerbt, grün, wintergrün.
Blüte: Leuchtend blau-violett, 1- bis 2-blütig, stiefmütterchenartig, III–V.
Frucht: 3-teilige Kapsel, Samen mit Elaiosom.
Standort: Nährstoffreiche Gartenböden in sonniger Lage.
Lebensbereiche: GR,2,so, –b: Gehölzrand; frisch; sonnig; beetstaudenähnlich, Freifläche.
Verwendung: In kleineren Gruppen auf Beeten und Rabatten zu Vorfrühlingsblühern. Grabstätten.
Vermehrung: Aussaat, VII.
Sorte: 'Altona', *, hellgelb; 'Angerland', *, hellblau; 'Hansa', *, dunkelviolett; 'Martin', violett. (Bild: 'König Heinrich').

Waldsteinia geoides
Ungarwurz
Rosaceae, Rosengewächse

Heimat: Östliches Mitteleuropa bis Ukraine.
Wuchsform: Kissenartig, horstig.
Blatt: Herz-nierenförmig, 3- bis 5-teilig, tief gezähnt, hellgrün, wintergrün.
Blüte: Zu 5 bis 9 an einem Stängel, 1,5 cm groß, gelb, IV–VI.
Frucht: Sammelfrucht, selten.
Standort: Frische, meist schattige Bereiche in Gehölznähe, humusreiche Böden.
Lebensbereiche: G,1–2,hs–sch: Gehölz; trocken bis frisch; halbschattig bis schattig. Gehölzrand.
Verwendung: Als Bodendecker für größere Flächen nicht ideal, weil horstig wachsend. Attraktiv zu *Brunnera* und anderen blaublütigen Stauden.
Vermehrung: Teilung im Vorfrühling.

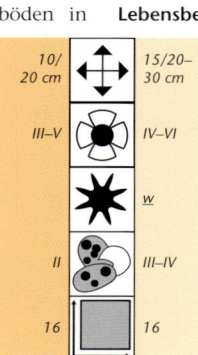

10/20 cm		15/20–30 cm
III–V		IV–VI
		w
II		III–IV
16		16

Waldsteinia ternata
Golderdbeere
Rosaceae, Rosengewächse

Heimat: Karpaten, Sibirien bis Sachalin, Japan.

Wuchsform: Flach ausgebreitet, kriechend, teils wurzelnd.

Blatt: 3-teilig, tief gezähnt, glänzend dunkelgrün, wintergrün.

Blüte: Schalenblüte 2 cm groß, in lockeren Trugdolden, goldgelb, IV–V.

Frucht: Sammelfrucht, selten.

Standort: Frische, meist schattige Bereiche in Gehölznähe, humusreiche Böden.

Lebensbereiche:  G,2,hs–sch: Gehölz; frisch; halbschattig bis schattig. Gehölzrand.

Verwendung: Als Teppichbildner für größere Flächen ideal. Auch für Grabstätten.

Vermehrung: Teilung im Vorfrühling.

Hinweis: Kann unter starker Wintersonneneinstrahlung leiden.

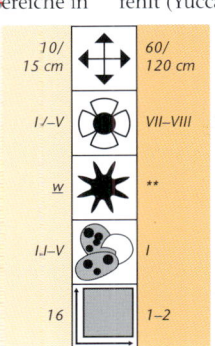

10/ 15 cm	60/ 120 cm
IV–V	VII–VIII
w	**
IV–V	I
16	1–2

Yucca filamentosa
Palmlilie
Agavaceae, Agavengewächse

Heimat: Südliches und östliches N-Amerika.

Wuchsform: Aufrecht, horstig, fast stammlos, verholzter Grundstamm unterirdisch.

Blatt: Schmal, bandartig, matt blaugrün, immergrün, harte Spitze.

Blüte: Glockenförmig, hängend, an langer, verzweigter Rispe, weiß, VII–VIII.

Fruchtstand/Frucht: Kapsel, Samen wird bei uns nicht ausgebildet, weil der Bestäuber fehlt (Yuccamotte).

Standort: Warme, sonnige Plätze auf gut dränierten Böden. Staunässe vermeiden.

Lebensbereiche: FS,1,so,–b: Felssteppe; trocken; sonnig; beetstaudenähnlich. Freifläche.

Verwendung: Einzeln oder in kleinen Gruppen vor Südwänden, Kies- und Schotterbeete.

Vermehrung: Teilung langwierig, Samen vom Heimatstandort oder künstlicher Bestäubung.

Sorte: 'Glockenbusch', *, 60–80 cm.

so:	**sonniger Standort**
abs:	**absonniger Standort**
hs:	**halbschattiger Standort**
sch:	**schattiger Standort**

Lebensbereich Beet – B

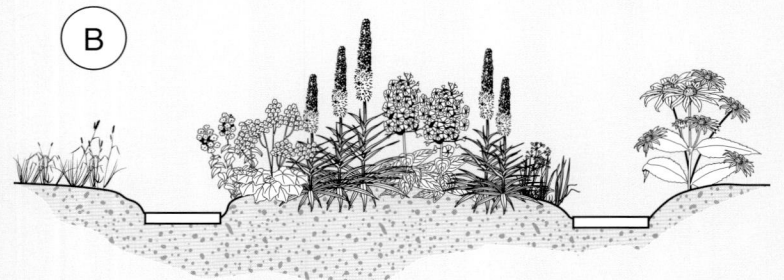

B₁ Trockener Boden   B₂ Frischer Boden   B₃ Feuchter Boden

Für die am häufigsten anzutreffende Standortsituation im Garten, **dem Beet (B)**, gibt es eine große Zahl herrlicher Stauden mit stattlichem Habitus und prachtvollen Blüten. Sie benötigen einen **humosen, nährstoffreichen Boden, dessen Oberfläche regelmäßig gelockert wird.** Leitstauden übernehmen in diesem Lebensbereich eine dominierende Funktion, sie werden durch Begleitstauden ergänzt.

Beetstaudenähnliche Stauden aller Lebensbereiche, -b

In allen Lebensbereichen gibt es Stauden mit **beetstaudenähnlichem** Charakter, die meist durch ihre stattliche Erscheinung, den üppigen Wuchs und durch auffällige Blüten wirkungsvoller und anspruchsvoller sind. Um sie zu kennzeichnen, wird der Lebensbereichskennzeichnung **ein -b hinzugefügt.**

Lebensbereich Gehölzrand – GR, 1-3

GR

→ N

○ Sonnig und Warm

◑ Absonnig und kühl

GR₁ Trockener Boden **GR₂** Frischer Boden **GR₃** Feuchter Boden

Am Rande von Baum- und Strauchgruppen, vielfach in gutem, humosem Boden, finden zahlreiche Stauden optimale Standortverhältnisse. Zu beachten ist, dass einige Arten mehr den offenen, sonnigen, warmen, südseitigen Gehölzrand bevorzugen und andere den kühlen, halbschattigen, nordseitigen oder den wechselschattigen Gehölzrand bevorzugen. Der Boden dieser Standorte ist **trocken (GR,1), frisch (GR,2) oder feucht (GR,3).** Vergleichbare Standortverhältnisse findet man im Bereich von Mauern und Hauswänden. Dort entfällt die Wurzelwirkung konkurrierender Gehölze.

Lebensbereich Gehölz – G, 1-3

G1 Trockener Boden   G2 Frischer Boden   G3 Feuchter Boden

Im lichten Schatten oder Halbschatten meist unter locker aufgepflanzten Bäumen, gedeihen viele Waldstauden sehr gut. Sie stehen in enger Beziehung zu den Gehölzen und beleben diesen Bereich durch ihre Wuchsformen und Blüten. Die verrottenden Blätter der Bäume sorgen für den erforderlichen humosen Boden und sollten nicht entfernt wrden. Je nach Standort der Gehölzgruppen unterscheidet man **Stauden für trockenen Boden (G,1), für frischen Boden (G,2) sowie für feuchten Boden (G,3).**

Lebensbereich Freifläche – Fr, 1-3

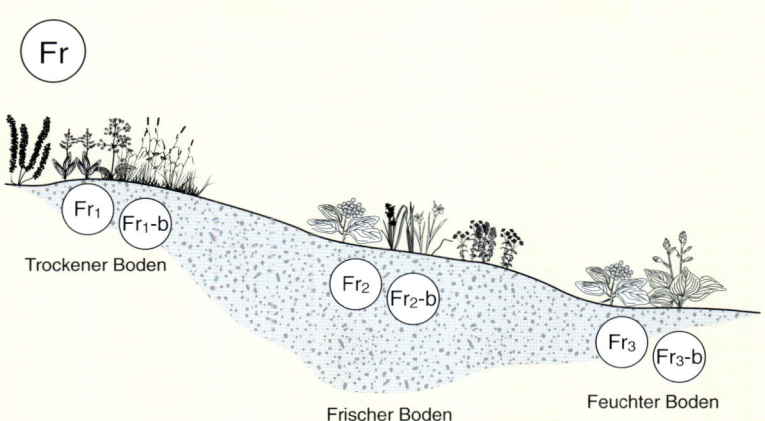

Außerhalb der Standorte von Bäumen und Sträuchern, auf freien, sonnigen Flächen gibt es vielfältige Situationen in denen Stauden günstige Lebensbedingungen finden. Je nach Feuchtegehalt oder Wasserhaltekraft des Bodens werden unterschieden: **Stauden für trockene, durchlässige Böden – oft auch Hanglagen – (Fr,1), für normale, frische Böden (FR,2) oder für feuchte Böden (Fr,3).** Zu dem Lebensbereich Freifläche werden auch die Steppenheide und Heide gerechnet. **Die Steppenheide (SH)** zeichnet sich durch trockene, kalkhaltige Böden und warme, sonnenseits geneigte Standorte aus. Als **Heide (H)** werden nährstoffarme, bodensaure, sandige Flächen bezeichnet. Bei den Heiden werden trockene Böden (H,1), frische Böden (H,2) und feuchte Böden (H,3) unterschieden.

Lebensbereich Freifläche, Steppenheide – SH

Lebensbereich Freifläche, Heide – H

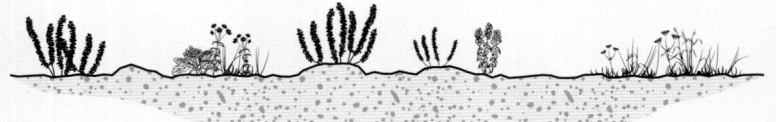

H₁ Trockener Boden   **H₂** Frischer Boden   **H₃** Feuchter Boden

Lebensbereich Steinanlagen – St

Lebensbereich Steinanlagen, Fels-Steppen – FS

Schotter   Kiesbeete   Steinreicher Boden

Viele Stauden fühlen sich im Bereich der Steine wohl. Manche sind nässeempfindlich und wachsen deshalb am besten in einem **von Kies bzw. Felsbrocken durchsetzten Boden, den Fels-Steppen (FS)**. Andere gedeihen selbst in flachen Bodenschichten über Fels oder größeren Steinanlagen, den **Felsmatten (M)**. Einige Pflanzen dieses Lebensbereichs eignen sich für **Mauerkronen (MK)** oder können in **Steinfugen (SF)** gepflanzt werden. Bei Mauerkronen (MK) und Steinfugen (SF) werden trockene Böden (SF,1 bzw. MK,1), frische Böden (SF,2 bzw. MK2) und feuchte Böden (SF,3 bzw. MK,3) unterschieden.

Lebensbereich Steinanlagen, Felsmatten – M

Lebensbereich Steinanlagen, Mauerkronen – MK

(MK)

Lebensbereich Steinanlagen, Steinfugen – SF

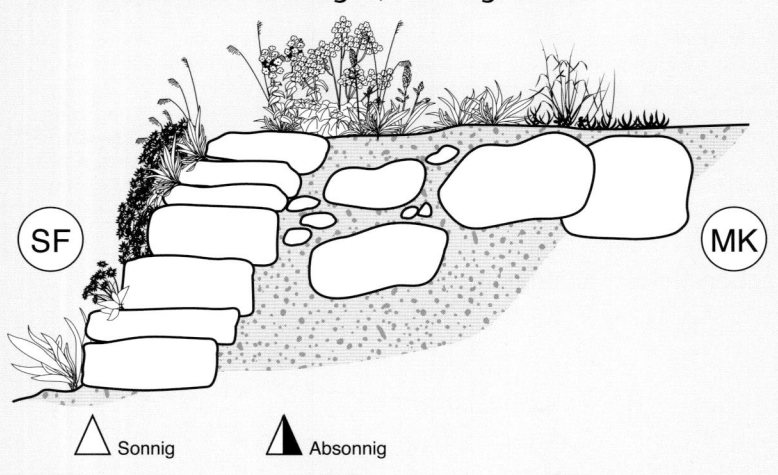

SF | MK

△ Sonnig   ◣ Absonnig

SF₁ / MK₁ Trockener Boden   SF₂ / MK₂ Frischer Boden   SF₃ / MK₃ Feuchter Boden

Lebensbereich Alpinum – A

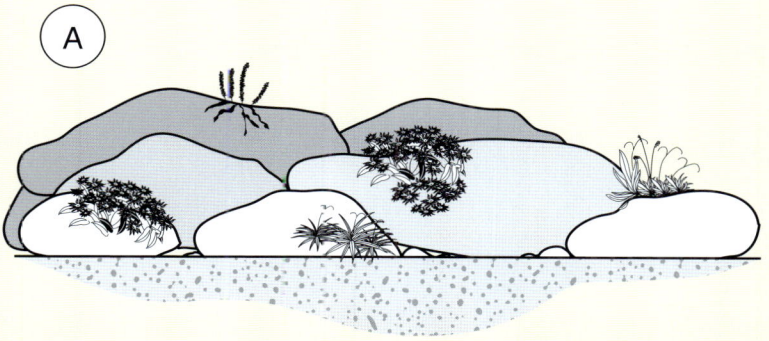

Einige herrliche, aber auch **anspruchsvolle, oft nicht sehr konkurrenzfähige** Stauden finden die besten Standorte in unterschiedlichen, meist kleinräumigen Flächen des **Alpinum (A)**.

Lebensbereich Wasserrand – WR,4 / WR,5

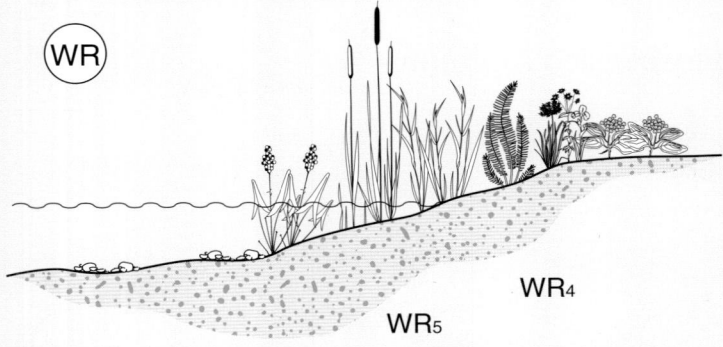

Dieser Lebensbereich wird durch große Bodenfeuchtigkeit gekennzeichnet. Es handelt sich um Standorte am Rand eines Teiches, Bachlaufs oder einer anderen Wasserfläche. Es handelt sich um feuchte bis nasse, **zeitweise abtrocknende Böden (WR,4) oder um Standorte, die dauernass sind beziehungsweise von flachem Wasser immer bedeckt sind (WR,5)**. Röhrichtpflanzen fühlen sich an dem zuletzt beschriebenen Standort sehr wohl.

Lebensbereich Wasser – W,6-8

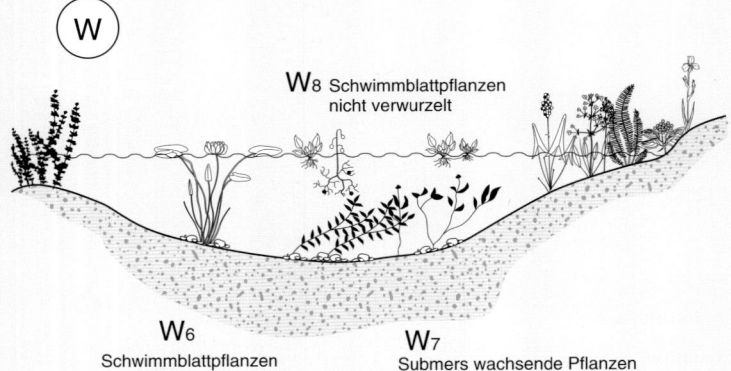

Für alle im Gartenteich üblichen Wassertiefen gibt es geeignete Stauden. Die Artenvielfalt ist in drei Gruppen unterteilt: **Schwimmblattpflanzen (W,6)**, die im Boden wurzeln, ihre Blätter schwimmen auf der Wasseroberfläche. **Submers wachsende Pflanzen (W,7)**, deren Blätter und Triebe unter der Wasseroberfläche wachsen, sie wurzeln im Teichboden. **Schwimmende Pflanzen (W,8)**.

Synonymverzeichnis

Synonym	Gültiger Pflanzennamen
Allium ostrowskianum	*Allium oreophilum*
Alyssum saxatile	*Aurinia saxatilis*
Anemone pulsatilla	*Pulsatilla vulgaris*
Avena sempervirens	*Helictotrichon sempervirens*
Chrysanthemum coccineum	*Tanacetum coccineum*
Chrysanthemum indicum	*Dendranthema × grandiflora*
Chrysanthemum weyrichii	*Dendranthema weyrichii*
Corydalis lutea	*Pseudofumaria lutea*
Dryopteris borreri	*Dryopteris affinis*
Festuca scoparia	*Festuca gautieri*
Hepatica triloba	*Hepatica nobilis*
Hosta fortunei	*Hosta* 'Fortunei'
Hosta lancifolia	*Hosta* 'Lancifolia'
Hosta undulata	*Hosta* 'Undulata'
Iris kaempferi	*Iris ensata*
Lithospermum purpureocaerulea	*Buglossoides purpureocaerulea*
Miscanthus japonicus	*Miscanthus floridulus*
Peltiphyllum peltatum	*Darmera peltata*
Pennisetum compressum	*Pennisetum alopecuroides*
Phlomis samia	*Phlomis russeliana*
Phyllitis scolopendrium	*Asplenium scolopendrium*
Polygonum affine	*Bistorta affinis*
Potentilla verna	*Potentilla neumanniana*
Primula officinalis	*Primula veris*
Pyrethrum roseum	*Tanacetum coccineum*
Veronica spicata subsp. incana	*Pseudolysimachion spicatum* subsp. *incana*

Staudenzüchtung

Wer aufmerksam Pflanzen in der Natur betrachtet, der kann gelegentlich Abweichungen von der Art feststellen: eine andere Blütenfarbe, gefüllte Blüten oder eine andere Wuchsform. Pflanzenliebhaber und Züchter nutzen dies, um besondere Eigenschaften einer Pflanze durch gezielte züchterische Maßnahmen hervorzuheben und zu verbessern. Meist dauert es Jahre bis feststeht, ob die Pflanze mit den veränderten Eigenschaften tatsächlich eine Verbesserung gegenüber den Ausgangsindividuen darstellt. Jahr für Jahr könnten also "neue" Pflanzen in unglaublicher Anzahl den Markt überschwemmen und für Unübersichtlichkeit sorgen, wenn sich nicht ein Gremium gebildet hätte, das den Wert einer Neuheit für Kultivateur und Vewender ermittelt.

Das Gremium, der Arbeitskreis der Staudensichtung, beobachtet die ausgepflanzte Neuheit über Jahre und gibt dann anhand seiner Beobachtungen eine Empfehlung ab. Pflanzenanbieter nutzen diese Angaben, um dem Käufer eine Orientierung zu geben.

Um das Besondere zu besitzen, geben Pflanzenliebhaber bereitwillig viel Geld aus. Die Pflanzen, die sie über den Handel erwerben, wurden meist vegetativ vermehrt, sie wurden also über Stecklinge, Abrisslinge oder Veredelungen produziert und sind identisch mit der Mutterpflanze. Generativ kann eine begehrte Neupflanze nicht mehr vermehrt werden.

Weil echte Züchtungsarbeit viel Zeit, Arbeit und oft große Flächen erfordert, befassen sich kaum Staudengärtner, sondern eher Liebhaber damit. Doch Gärtner haben durch ihre Kenntnisse und ihre Arbeit in Massenbeständen eher die Möglichkeit, Abweichungen in ihren Kulturen festzustellen und deren Bedeutung abzuschätzen.

Die züchterisch vielversprechenden, ausgewählten Individuen müssen getrennt kultiviert, beobachtet und vegetativ vermehrt werden. Als Züchter gilt nach internationalem Recht derjenige, der die Eigenschaften der Neuheit erkennt und sie dann selektiert. Ein gutes Auge und hervorragende Pflanzenkenntnisse sind dafür eine wichtige Voraussetzung.

Praxis der Staudenzüchtung

Ausleseverfahren durch Massenanzucht

Bei Aussaaten treten immer wieder Abweichungen von der Art auf. Extrem deutlich wird dies bei der generativen Vermehrung von Pflanzen, die durch Insekten bestäubt werden: Im Saatbeet entstehen ganz unterschiedliche Jungpflanzen. Ein schönes Beispiel gibt hierfür die Gattung *Sempervivum*, die Hauswurz. Ernsthafte Sammler, unter ihnen der Autor, haben über 1000 verschiedene *Sempervivum*-Formen in ihrem Garten. Es ist kein Wunder, dass die unterschiedlichsten Kreuzungen entstehen können, da die bestäubenden Insekten, darunter Bienen, Wespen, Fliegen, wahllos eine Blüte nach der anderen besuchen. Wenn man nach der Keimung die Jungpflanzen längere Zeit beobachtet, entdeckt man immer wieder Formen, die man noch nicht in seiner Sammlung hat. Die schönsten Formen werden nun ausgelesen, weiter kultiviert, mit einem Sortennamen versehen und vegetativ vermehrt. Hybriden, die nur geringfügige Veränderungen gegenüber der Mutterpflanze zeigen, sollten keinen eigenen Sortennamen erhalten. Der Züchter muss deswegen immer wieder sein Ergebnis nach strengen Kriterien bewerten.

Gezielte Kreuzungen

Wenn zwei ausgesuchte Elternpflanzen *einer* Art, die sich durch besonders attraktive Eigenschaften auszeichnen, miteinander gekreuzt werden sollen, überträgt man den Blütenstaub (Pollen) der Vaterpflanze auf die reife Narbe der Mutterpflanze. Nach dieser künstlichen Befruchtung bildet sich dort ein Pollenschlauch, der die männlichen Zellkerne enthält. Diese vereinigen sich im Fruchtknoten mit den Kernen der weiblichen Eizelle. Durch die Verschmelzung der Zellkerne wird die Bildung des Samens ausgelöst, er enthält die Eigenschaften beider Elternpflanzen.

Die Auswahl der Elternpflanzen kann gefühlsmäßig erfolgen oder entsprechend der wissenschaftlichen Methode bestimmt werden. Nach Gefühl arbeiten die meisten Züchter, sie hoffen auf das Zufallsprinzip, das sie meist auch nicht enttäuscht, wenn sie gute Elternpflanzen ausgewählt haben. Misserfolge muss man aber einkalkulieren – auch bei der wissenschaftlichen Methode.

Der Augustinermönch Gregor Mendel (1822 bis 1884) konnte dank seiner Kreuzungs-Experimente mit Erbsen herausfinden, nach welchen Gesetzmäßigkeiten Pflanzeneigenschaften der Eltern auf ihre Nachkommen übertragen werden. Mendel stellte fest, dass die Nachkommen der ersten Kreuzung (F1-Generation) in ihrem Erscheinungsbild einheitlicher als die Nachkommen der Folgegeneration (F2-Generation) sind. Sofort erkennbare Eigenschaften nennt man dominant. Andere, die zunächst verborgen bleiben, bezeichnet man als rezessiv, sie werden erst nach mehreren Generationen sichtbar.

Bei der gezielten Züchtung müssen die Elternpflanzen natürlich fruchtbar (fertil) sein. Immer wieder kommt es vor, dass manche Hybriden sich nicht mit anderen Arten kreuzen lassen, sie sind unfruchtbar (steril). Ein bekanntes Beispiel ist *Hosta* 'Undulata Univittata', eine alte Gartenpflanze japanischen Ursprungs. Sie ist vollkommen steril, Kreuzungen mit anderen Arten sind zwecklos. Auch bestimmte Schwertlilien-Arten lassen sich nicht miteinander kreuzen, obwohl sie zur selben Gattung gehören. Diese *Iris*-Arten sind zwar miteinander verwandt, aber ihre Verwandtschaft liegt schon zu weit auseinander. Andererseits gibt es Kreuzungen zwischen verschiedenen Gattungen einer Pflanzenfamilie. So ist × *Solidaster luteus* eine bekannte und als Schnittblume beliebte Kreuzung zwischen der Astern-Art *Aster ptarmicoides* und der Goldrute *Solidago*. Oft verhindert die unterschiedliche Anzahl der Chromosomen in den Zellkernen eine gezielte Kreuzung.

Durch verschiedene Verfahren (radioaktive Bestrahlung, Behandlung mit dem Herbst-Zeitlosen-Gift Colchizin) werden die natürlichen (diploiden) Chromosomensätze verdoppelt (tetraploid). So entstehen Hybriden, die verbesserte Eigenschaften eines Merkmals aufweisen, z.B. bei *Iris*- und *Hemerocallis*-Hybriden mit ihren oftmals größere Blüten oder kräftigere Stängel und Blätter. Bei anderen Gattungen – z. B. *Hosta* – wurde diese Vorgehensweise ebenfalls erprobt, sie zeigte jedoch weniger Wirkung.

Technik der Bestäubung: Pollen sind langlebig, sie lassen sich sogar per Post weltweit versenden. Mit Hilfe eines Pinsels oder einem Pfeifenreiniger überträgt man am frühen Morgen den Pollen auf die reife Narbe der Mutterpflanze. Dazu öffnet man mit leichtem Druck die noch geschlossene Knospe und entfernt die vorhandenen Staubblätter der Blüte, um die Selbstbestäubung zu verhindern. Den Pollen platziert man auf der Narbe. Diese wird anschließend mit Stanniolpapier oder Gaze umhüllt, damit bestäubende Insekten die Blüte nicht mehr besuchen können. Möchte man die Blüten einer Pflanze mit verschiedenen Pollen bestäuben, so werden die Pinsel vor jeder Pollenübertragung ausgekocht. Jede bestäubte Blüte wird gekennzeichnet. Nach einigen Tagen vergrößert sich der Fruchtknoten, wenn die Befruchtung erfolgreich verlaufen ist. Die Kreuzungsversuche werden im Zuchtbuch vermerkt; Datum, Nummer der Kreuzung sowie der Name der Vater- und Mutterpflanze werden dazu dokumentiert. Man sollte sich bei der Züchtung von Pflanzen nicht auf sein Gedächtnis verlassen, das Züchtungsbuch schafft im Zweifelsfall Klarheit.

Zufallskreuzungen

Manchmal entstehen durch äußere Einflüsse Mutationen, die sich positiv von der bewährten Art unterscheiden. Diese sollte man isolieren und weiter beobachten, wie sie sich verhalten. Ein gutes Beispiel hierfür ist *Luzula sylvatica*, die Waldmarbel. Auf einer Exkursion der ISU (Internationale Staudenunion) in die Tauern entdeckte ein Teilnehmer eine Mutation dieser Art, die sich durch einen besonders niedrigen Wuchs auszeichnete. Er entnahm dem Bestand ein Exemplar, vermehrte es zu Hause und nannte die neue Sorte 'Tauernpass'. Sie ist zu einem unverzichtbaren Bestandteil des Staudensortiments geworden. Es lohnt sich also immer, die Augen offen zu halten.

Staudensichtung

Der Bund deutscher Staudengärtner hat sich unter anderem der Aufgabe verschrieben, Züchtungen zu bewerten. Karl Foerster, der Altmeister der Staudengärtner und Züchter, forderte schon 1920, in mehreren Regionen Deutschlands Schau- und Sichtungsgärten anzulegen. In ihnen sollten Neuzüchtungen aufgepflanzt, über Jahre hinweg beobachtet und nach verschiedenen Kriterien bewertet werden. Dies geschah dann auch so. Später beauftragte man das Institut für Stauden, Gehölze und angewandte Pflanzensoziologie an der Staatlichen Lehr- und Forschungsanstalt für Gartenbau in Weihenstephan (Freising) mit der Staudensichtung. Von dort aus wird die Sichtungsarbeit koordiniert; die Sichtungsergebnisse werden außerdem dort gesammelt und von einem Fachgremium diskutiert. Die Ergebnisse werden dann in Fachzeitschriften veröffentlicht.

Kataloge von Staudengärtnereien:

Horst Gewiehs, Rotenburg/Wümme
Hans Götz, Schiltach
Gräfin von Zeppelin, Sulzburg-Laufen/Baden
Ewald Hügin, Freiburg /Breisgau
Christian Kreß, Ort/Innkreis, Österreich
Max Schleipfer, Neusäß/Augsburg

Arbeitskalender
für den Staudengarten

Die Planung und Pflanzung eines Staudenbeetes ist der schöpferisch wichtigste Akt. Doch es reicht nicht aus, nach der Pflanzung die Stauden sich selbst zu überlassen. Immer wieder muss man sich um seine Schützlinge im Garten kümmern, um zu sehen, was ihnen fehlt.

Im Laufe eines Jahres fallen die unterschiedlichsten Arbeiten der Pflege und Vermehrung an.

Frühling

<u>Vermehrung:</u>

Aussaat. Im zeitigen Frühling werden die meisten Stauden im Kasten oder im Gewächshaus ausgesät. Wichtig ist, dass jede Art oder Sorte in einem eigenen Gefäß keimt, um sorten- bzw. artenreine Bestände zu gewährleisten. Die Erdschicht, die den Samen bedeckt, darf nicht stärker ausgebracht werden, als die Samenkorngröße. Zur Aussaat werden nährstoffarme Erdsubstrate verwendet. Die Saat in den Töpfen und Schalen wird vorsichtig angegossen und dann gleichmäßig feucht gehalten. Bei steigenden Temperaturen beginnen die Samen rasch zu keimen, bei entsprechender Größe werden die Keimlinge dann vereinzelt (pikiert). Dazu ist ein Pikiersubstrat erforderlich. Später können die jungen Pflanzen in größere Töpfe mit nährstoffreicherem Substrat umgetopft werden.

Stecklinge. Nach dem Austrieb können viele Stauden durch Stecklinge vermehrt werden. Rittersporntriebe sollten etwa 8–10 cm lang sein, wenn man Stecklinge daraus gewinnen

möchte. Man schneidet hierfür die hohlen Triebe mit einem Stück des knolligen Wurzelstocks ab. Auf diese Weise kann bis zur Bewurzelung des Stecklings Fäulnis verhindert werden.

Risslinge und Ausläufer. An den von der Pflanze gewonnenen Trieben haben sich bereits Wurzeln gebildet. Sie können deswegen sofort eingetopft werden.

Teilung. Diese wichtigste Vermehrungsart bei Stauden wird entweder vor oder nach der Blüte angewandt. Gräser werden im Frühling geteilt.

<u>Pflanzung</u>

Bei frostfreiem, abgetrocknetem Boden kann gepflanzt werden. Die wichtigste Zeit hierfür sind die Frühlingsmonate März bis Mai. Man pflanzt grundsätzlich vor oder nach der Blüte der Pflanze. Stauden mit Topfballen können auch zu einem späteren Zeitpunkt und im blühenden Stadium ausgepflanzt werden.

Der Boden sollte vor der Pflanzung gründlich vorbereitet werden. Dazu gehört das tiefe Auflockern und eine Grunddüngung mit organischen Düngemitteln. Vor allem müssen Wurzelunkräuter sorgfältig entfernt werden. Sind alle Pflanzen im Boden, wird jede gründlich angegossen.

<u>Wildkräuter</u>

Samen- und Wurzelunkräuter müssen während der Vegetationsperiode immer wieder entfernt werden. Sie sollten möglichst schnell nach der Keimung sorgfältig entfernt werden, damit die Blüten- und Samenbildung unterbleibt.

Düngung

Im Vorfrühling wird der Kompost umgesetzt. Die dabei gewonnene 3-jährige, unkrautfreie Komposterde wird mit Torf und Sand gemischt und auf Staudenbeete 1–2 cm dick aufgetragen. Beim Austrieb im April ist für starkzehrende Staudenarten eine anorganische Düngung notwendig.

Für zierliche Felsfugenpflanzen im Steingarten verwendet man am besten einen Flüssigdünger mit geringem Stickstoffanteil. Diese Pflanzen sollten nur dann gedüngt werden, wenn es tatsächlich notwendig erscheint.

Schnitt

Im Vorfrühling werden die abgeblühten Stiele der Gräser und Stauden aus dem Vorjahr kurz über dem Boden abgeschnitten, damit die jungen Triebe wieder Platz bekommen.

Die Samenstände von sich leicht aussamenden Pflanzen (z.B. beim Steinkraut), sollten rechtzeitig entfernt werden.

Pflanzenschutz

Schnecken erscheinen schon in den ersten warmen Frühlingstagen. Sie müssen unverzüglich bekämpft werden. Man liest sie morgens und abends ab, nur in Notfällen sollte Schneckenkorn ausgelegt werden.

Da im Hausgarten keine giftigen Präparate verwendet werden dürfen, bekämpft man starken Blattlausbefall mit einer Brühe aus Neutralseife (1 cm^3 auf 1 Liter Wasser).

Unerwünschte Nager werden mit entsprechenden Fallen gefangen.

Sommer

Vermehrung

Aussaat. Jetzt können kurzlebige Arten ausgesät werden (2-jährige Arten).

Samen für die Nachzucht von Wildarten können bei trockenem Wetter gesammelt, sorgfältig etikettiert und in trockenen Papiertüten aufbewahrt werden.

Teilung. Nach der Blüte können viele Stauden geteilt werden. Man nimmt etwa faustgroße Teilstücke und pflanzt diese in ein gut vorbereitetes Beet.

Wildkräuter

Samen- und Wurzelunkräuter müssen während der Vegetationsperiode immer wieder entfernt werden. Sie sollten möglichst schnell nach der Keimung sorgfältig entfernt werden, damit die Blüten- und Samenbildung unterbleibt.

Düngung

Nur noch bis Ende Juni ist eine Düngung angebracht. Wird später gedüngt, so kann die Pflanze bis zum Herbst nicht mehr ausreifen und ist so für Erkrankungen und witterungsbedingte Schädigungen anfälliger.

Gießen

In trockenen Perioden benötigen viele Stauden öfter eine kräftige Wassergabe. Stauden sollte man niemals in der Mittagszeit mit Wasser übersprühen, da ihnen dadurch eine feuchte Atmosphäre vorgegaukelt wird. Wird der Regner dann abgestellt, so erleiden sie durch die höhere Verdunstung einen Schock und welken rascher als zuvor. Beregnet man die Pflanzen am Abend, so können Blüten und Blätter nicht richtig abtrocknen. Es kommt leichter zu Pilzbefall. Am besten ist eine intensive Bewässerung am Morgen, ohne die Blätter zu benetzen.

Schnitt
Verblühtes wird jetzt regelmäßig entfernt. Bei Beetstauden wird dadurch der Samenansatz verhindert.

Pflanzenschutz
Regelmäßig wird der Befall durch Schnecken und Blattläuse kontrolliert und gegebenenfalls bekämpft. Sind Sommerphlox-Pflanzen mit Nematoden befallen, so gehören sie in die Mülltonne und nicht auf den Kompost. Dies gilt auch für Rittersporne, Astern und viele andere Stauden mit Pilzerkrankungen.

Aufbinden und Schneiden
Die meisten Beetstauden blühen im Sommer. Hohe Arten sollten vor dem Umfallen durch Anbinden und Stäben geschützt werden. Abgeblühtes wird sofort entfernt. Dies gilt besonders für Rittersporn. Wird er rechtzeitig zurückschnitten, blüht er im Herbst ein zweites Mal.

Pflanzung
Herbstblühende Zwiebel- und Knollenpflanzen werden jetzt gepflanzt, dazu gehören Herbst-Krokus und Herbst-Zeitlose.

Herbst

Vermehrung
Teilung. Für Pfingstrosen ist dies die beste Zeit. Die Teilung des Wurzelstocks sollte vorsichtig erfolgen, um die rübenartigen Knollen nicht zu verletzen. Jede Teilpflanze muss eine Knospe am Trieb tragen, sonst ist sie wertlos.

Stecklinge. Manche Steingartengewächse mit Polsterwuchs können jetzt durch Rosettenstecklinge im Kasten vermehrt werden.

Pflanzung
Wer noch nicht sein Staudenbeet angelegt hat, kann nun bis zum Frosteintritt wieder pflanzen. Auch alle frühlingsblühenden Zwiebel- und Knollengewächse werden jetzt gesetzt.

Wildkräuter
Samen- und Wurzelunkräuter müssen während der Vegetationsperiode immer wieder entfernt werden. Sie sollten möglichst schnell nach der Keimung sorgfältig entfernt werden, damit die Blüten- und Samenbildung unterbleibt.

Schnitt
Gelegentlich werden die Beete kontrolliert, Abgeblühtes wird entfernt. Gräser und auffällige Fruchtstände bleiben aber stehen, damit der Garten im Winter bei Rauhreif und Schnee reizvoll wirkt.

Winter

Vermehrung

Aussaat. Kaltkeimer werden in der kalten Jahreszeit ausgesät. Zu ihnen gehören viele alpine Stauden. Die Aussaatgefäße werden ins Freie gebracht, vor Vögeln geschützt und dann dem Frost und Schnee ausgesetzt, der die Keimruhe der Samen bricht.

Wurzelschnittlinge. Von verschiedenen Stauden können Wurzelschnittlinge gemacht werden (Mannstreu, Kugel-Primel, Türken-Mohn etc.). Die kräftigen Wurzeln schneidet man in 5 cm lange Stücke, legt sie in Schalen und bedeckt sie mit Vermehrungssubstrat. Die Gefäße werden frostsicher aufgestellt.

Winterschutz

Eine leichte Reisigabdeckung ist besonders bei Barfrösten zu empfehlen. Oft werden frisch gepflanzte Staudenballen durch den Frost angehoben, die Wurzeln liegen dann frei und die Pflanze vertrocknet langsam. Solche Pflanzen müssen im zeitigen Frühjahr, wenn kein Bodenfrost herrscht, wieder angedrückt werden.

Sonstiges

Jetzt bleibt Zeit für Dinge, die man während der Vegetationsperiode oft vernachlässigt: Werkzeuge werden geölt, geschärft und repariert. Ferner helfen Samen- und Pflanzenkataloge den Winter wenigstens gedanklich zu vertreiben und Planungen für das neue Gartenjahr zu beginnen. Pflanzenbestellungen sind ein netter, wenn auch oft teurer Zeitvertreib für lange Winterabende.

Literatur

CHEERS, Gordon (Hrsg): Botanica, das ABC der Pflanzen. Könemann Verlag. Köln, 1998.

GÖTZ, Hans./HÄUSSERMANN, Martin/SIEBER, Josef: Die Stauden-CD. Verlag Eugen Ulmer. Stuttgart, 1999.

ERHARDT, Walter/GÖTZ, Erich/SEYBOLD, Siegmund/BÖDEKER, Nils: Zander. Hardwörterbuch der Pflanzennamen. 16. Auflage. Verlag Eugen Ulmer. Stuttgart, 2000.

FESSLER, Alfred/KÖHLEIN, Fritz: Kulturpraxis der Freiland-Schmuckstauden. Verlag Eugen Ulmer. Stuttgart, 1977.

FOERSTER, Karl: Einzug der Gräser und Farne in die Gärten. Verlag Eugen Ulmer. Stuttgart, 1988.

FRANK, Reinhilde: Zwiebel- und Knollengewächse. Verlag Eugen Ulmer. Stuttgart, 1986.

HABERER, Martin: Farbatlas Zierpflanzen. 2. Auflage. Verlag Eugen Ulmer. Stuttgart, 1996.

HEYWOOD, V. H.(Hrsg.): Blütenpflanzen der Welt. Birkhäuser Verlag. Basel, 1982.

JELITTO, Schacht: Die Freilandschmuckstauden. 3. Auflage. Verlag Eugen Ulmer. Stuttgart, 1985.

KÖHLEIN, Fritz: Freilandsukkulenten. 2. Auflage. Verlag Eugen Ulmer, Stuttgart 1984.

KÖHLEIN, Fritz: Primeln. Verlag Eugen Ulmer. Stuttgart, 1984.

KÖHLEIN, Fritz: Saxifragen. 2. Auflage. Verlag Eugen Ulmer. Stuttgart, 1995.

KÖHLEIN, Fritz/MENZEL, Peter: Das neue große Blumenbuch. Verlag Eugen Ulmer. Stuttgart, 1992.

KREUZERS GARTENPFLANZEN: Lexikon Band II. Thalacker Verlag. Braunschweig, 1995.

KREUZERS GARTENPFLANZEN: Lexikon Band IV. Thalacker Verlag. Braunschweig, 1993.

LAUBER, Konrad/WAGNER, Gerhart: Flora Helvetica. Verlag Haupt. Bern, 1996.

WACHTER, Karl: Der Wassergarten. Verlag Eugen Ulmer. Stuttgart, 1986.

WISSKIRCHEN, Rolf/HAEUPLER, Henning: Standardliste der Farn- und Blütenpflanzen Deutschlands. Verlag Eugen Ulmer. Stuttgart, 1998.

TANGERMANN/SIMON: BdB-Handbuch VII. Wildstauden. Verlag Grün ist Leben. Pinneberg, 1987.

WALZ: Samenkatalog 1999. Walz-Samen. Stuttgart,1999.

ZINKERNAGEL/HERTLE: BdB-Handbuch II. Stauden. Verlag Grün ist Leben. Pinneberg, 1988.

Bildquellen

Nicola Brown, London: Hauptmotiv des Umschlags.

Gisela Caspersen, Hamburg: Kleines Bild des Umschlags.

Hans Götz, Schiltach: Seite 61 l; 88 r.

Fritz Köhlein, Bindlach: Seite 12 l; 12 r; 14 l; 17 r; 30 l; 39 l; 46 l; 59 l; 60 l; 74 r; 79 r; 81 l; 85 l; 86 r; 87 r; 96 r; 97 l; 98 l; 103 l; 103 r; 106 r; 108 r; 110 r; 114 l; 115 l; 115 r; 116 l; 117 l; 118 r; 119 l; 130 r; 131 l; 148 l; 157 r; 159 l.

Thomas Muer, Telgte: Seite 25 r; 40 l; 131 r; 162 l; 162 r.

Uwe Messer, Bernburg: Kleines Umschlagbild im Querformat.

Erich Pasche, Velbert: Seite 50 l.
Alle übrigen Bilder stammen vom Autor.

Alle Zeichnungen wurden von Helmuth Flubacher nach Vorlagen des Bund deutscher Staudengärtner gefertigt.

Dank

Wir danken dem Bund deutscher Staudengärtner für die freundliche Genehmigung, die Abbildungen und Texte zu den Lebensraumbeschreibungen nach Sieber, geändert durch Götz, verwenden zu dürfen.

Register

Im vorliegenden Register werden nur die gebräuchlichsten deutschen Pflanzennamen aufgeführt. Pflanzennamen, die mit Sternchen* versehen sind, weisen auf Pflanzen hin, die nicht ausführlich vorgestellt, aber in einer Pflanzenbeschreibung erwähnt werden.

Lebensbereiche

Mehr Literatur.

Zander. *Handwörterbuch der Pflanzennamen. W. Erhardt u.a. 16. Auflage 2000. 990 Seiten. ISBN 3-8001-5080-8.* Der „Zander" gibt Sicherheit bei der wissenschaftlich korrekten botanischen Bezeichnung der Pflanzen. Da die Aufgabengebiete in Botanik und Pflanzenbau immer stärker auch im Ausland liegen werden, bietet der Zander nun auch die englischen und französischen Trivialnamen der wichtigsten Pflanzen.

Taschenatlas Gehölze. *325 Gehölze für Garten und Landschaft. M. Haberer. Etwa 192 Seiten, 354 Farbfotos. ISBN 3-8001-5310-6.* Die Angaben zu Standort und Bodenansprüchen erlauben eine unkomplizierte Orientierung für die artgerechte Pflanzenverwendung.

Mehr Literatur.

Seit Jahren macht der Staudengärtner Piet Oudolf mit seinen wirkungsvollen Staudenpflanzungen von sich reden. Für seine naturnahen Kompositionen stellt die Pflanzengestalt das wichtigste Kriterium dar, während die Blütenfarben eine nur untergeordnete Rolle spielen. Maßgeblich für die Verwendung und Platzierung einer Staude im Beet ist ihre Struktur, die Textur des Blattwerkes und vor allem die Beständigkeit der Fruchtstände. Starke Akzente setzen dabei die in der Gärtnerei des Autors ausgelesenen Formen von Korbblütlern wie die Edeldisteln, verschiedene Doldenblütler und vor allem Gräser. Die Staudenbeete mit ihrer eigenen Formensprache wecken Emotionen und machen den Gartenbesuch zu jeder Tages- und Jahreszeit zum individuellen Erlebnis.

Neues Gartendesign mit Stauden und Gräsern. P. Oudolf, N. Kingsbury. 2000. 160 S., zahlr. farb. Abb. ISBN 3-8001-6691-7.

Dieses Fachbuch vermittelt die nötigen Staudenkenntnisse, schafft eine klare Übersicht und ist zugleich eine kompetente Anleitung zur Pflanzung, Pflege und Verwendung. Neben der Beschreibung der schönsten Stauden und Staudenbegleiter werden musterhafte Bepflanzungsvorschläge geboten.

Der Staudengarten. A. Feßler. 4. Auflage 1995. 360 Seiten, 110 Farbfotos, 54 Zeichnungen und Pflanzpläne. ISBN 3-8001-6578-3.

Die Lebensbereiche der Stauden sind äußerst vielgestaltig. Gehölze, Gehölzränder, Freiflächen, Steinanlagen, Beete, Wasserränder, sumpfige Bereiche und Wasser: alle sind in diesem Buch berücksichtigt.

Die Stauden und ihre Lebensbereiche in Gärten und Grünanlagen. R. Hansen, F. Stahl. 5. Auflage 1997. 573 Seiten, 92 Farbfotos, 157 Zeichnungen, zahlreiche Listen. ISBN 3-8001-6630-5.